어린이 과학형사대 CSI 2

초판 1쇄 발행 | 2008년 8월 6일
개정판 1쇄 발행 | 2024년 9월 2일

지은이 | 고희정
그린이 | 서용남
감　수 | 곽영직

펴 낸 곳 | (주)가나문화콘텐츠
펴 낸 이 | 김남전
편 집 장 | 유다형
편　　집 | 김아영
디 자 인 | 양란희
마 케 팅 | 정상원 한웅 정용민 김건우
경영관리 | 임종열

출판 등록 | 2002년 2월 15일 제10-2308호
주　　소 | 경기도 고양시 덕양구 호원길 3-2
전　　화 | 02-717-5494(편집부) 02-332-7755(관리부)
팩　　스 | 02-324-9944
홈페이지 | ganapub.com
이 메 일 | ganapub@naver.com

ⓒ 고희정, 2008

ISBN 978-89-5736-447-5 (74400)
　　　978-89-5736-440-6 (세트)

* 책값은 뒤표지에 표시되어 있습니다.
* 이 책의 내용을 재사용하려면 반드시 자작권자와 (주)가나문화콘텐츠 양측의 동의를 얻어야 합니다.
* 잘못된 책은 구입하신 서점에서 바꾸어 드립니다.
* '가나출판사'는 (주)가나문화콘텐츠의 출판 브랜드입니다.

- 제조자명 : (주)가나문화콘텐츠
- 주소 및 전화번호 : 경기도 고양시 덕양구 호원길 3-2 / 02-717-5494
- 제조연월 : 2024년 9월 2일
- 제조국명 : 대한민국
- 사용연령 : 4세 이상 어린이 제품

어린이 과학형사대 CSI ②
CSI, 사건 해결에 빠져들다

글 고희정 · 그림 서용남
감수 곽영직

주인공 소개

박춘삼 교장 (65세)

- 어린이 형사 학교 교장. 똑똑한 어린이들을 모아 CSI를 만든다. 게으르고 잠꾸러기여서 교장실에서 주로 하는 일은 코 골며 잠자기.

어수선 형사 (33세)

- 박춘삼 교장의 조수 겸 형사. 항상 말 많고 어수선하고 덤벙대서 문제를 잘 일으킨다. 그러나 역시 사건이 터지면 박춘삼 교장과 환상의 콤비로 행동한다.

반달곰 (11세)

- 동식물에 대한 지식이 깊다. 행동이 아주 느리지만 순수하고 착한 시골 아이. 곰과 비슷한 정도로 덩치가 크고, 힘도 아주 세서 힘쓸 일은 도맡아 한다.

나혜성 (12세)

- 백과사전과 같은 잡학의 달인으로, 특히 우주와 지구에 대해 잘 알고 있다. 얼짱 꽃미남이지만 엄청난 잘난 척과 대단한 이기심을 가진 왕재수.

한영재 (11세)

- 물리적 현상에 대한 지식과 기계 다루는 솜씨가 뛰어나다. 이미 고등학교 물리, 수학 문제를 다 풀 정도의 뛰어난 영재. 끈질긴 성격과 대단한 집중력이 있다.

이요리 (12세)

- 화학적 현상에 대한 지식이 해박하다. 게다가 무엇이든 실험해 봐야 직성이 풀리는 불굴의 실험 정신을 지니고 있다. 요리를 좋아하고 재능도 많다.

차 례

- CSI, 수업을 시작하다 • 6

- 사건 1 : 곡예사 추락 사건 • 12
  핵심 과학 원리 – 무게 중심
  영재가 들려주는 사건 해결의 열쇠 • 38

- 사건 2 : 따뜻한 크리스마스 • 42
  핵심 과학 원리 – 연소
  요리가 들려주는 사건 해결의 열쇠 • 68

- 사건 3 : 잃어버린 길을 찾아서 • 72
  핵심 과학 원리 – 별자리
  혜성이가 들려주는 사건 해결의 열쇠 • 100

- 사건 4 : 식물학자 실종 사건 • 104
  핵심 과학 원리 – 식물과 환경
  달곰이가 들려주는 사건 해결의 열쇠 • 130

- 사건 5 : 헬스클럽 트레이너의 죽음 • 134
  핵심 과학 원리 – 전자석
  영재가 들려주는 사건 해결의 열쇠 • 160

- CSI, 진급 시험을 보다 • 164

- 특별 활동 : CSI, 함께 놀며 훈련하다! • 170

- 찾아보기 • 180

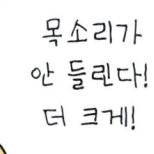

이후 본격적으로 힘든 수업이 계속되었다. 범인의 심리를 파악하기 위해 배우는 심리학을 시작으로,

물리, 화학, 생물, 지구 과학 등 과학의 기본 분야를 다 배워야 하는 것은 물론,

형사에게 있어서 무엇보다 중요한 체력 단련을 위해 태권도에 수영까지.

수업이 끝나도 밤 9시가 되면 TV 뉴스를 보고 나서 토론회,

그러고 나서 남은 숙제를 마치면 밤 12시를 넘기기가 일쑤였다.

그렇게 한 달 후.

아이고, 애들 좀 봐. 너무 열심히 공부하느라 내가 온 줄도 모르고 있네.

이 오빠가 기쁜 소식을 전하러 왔는데 말이야~.

모두 주목! 한 달을 잘 견딘 CSI에게 서커스를 보러 가라는 교장 쌤의 특별 지시다! 나를 따르라~.

■ 핵심 과학 원리 – 무게 중심

사건 1

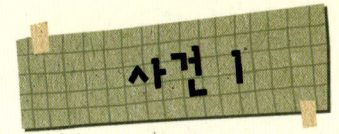

곡예사 추락 사건

그런데 모든 것이 그렇게 완벽하게 돌아가는 순간, 바로 그 순간이었다.
최고야가 갑자기 비틀하는 듯하더니, 순식간에 쿵! 바닥에 떨어지고 말았다.

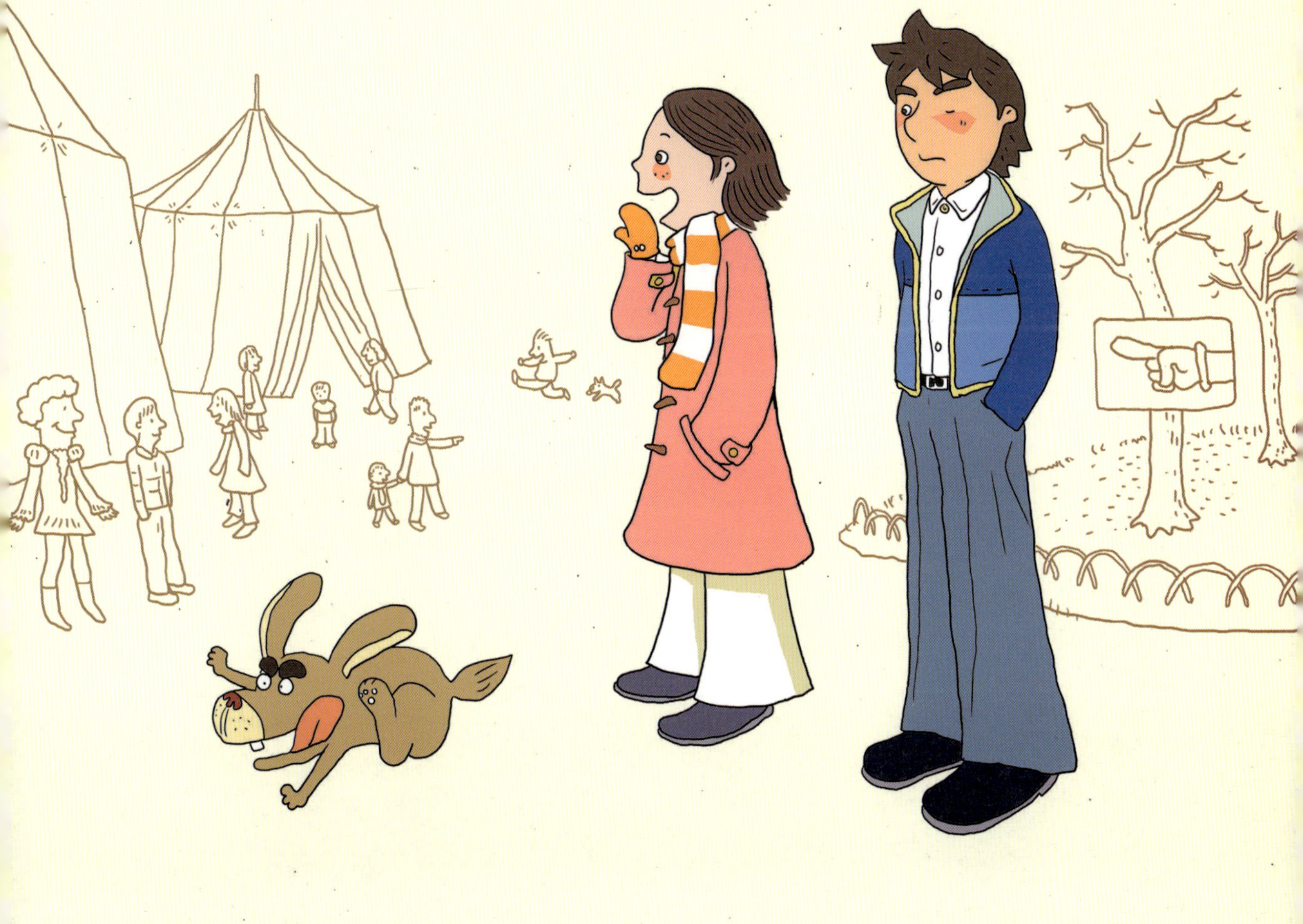

 서커스 구경을 가다!

　12월이 시작되는 날. 쌀쌀해진 날씨에, 또 지난밤 살짝 내린 눈에 겨울 느낌이 꽤 나는 날이었다. 오늘은 아이들에게 아주 특별한 날. 힘든 한 달을 잘 견뎌 낸 아이들에게 특별 선물이 주어졌다. 박 교장의 허락으로 어 형사가 아이들에게 서커스 공연을 보여 주기로 한 것이다.
　오후 수업을 빼먹는 것만 해도 좋은데 거기다 서커스 구경이라니, 이게 웬 떡인가! 모두들 살짝 흥분한 상태로 공연장에 도착했다.
　"와, 멋지다! 진짜 멋지다! 어때, 좋지? 신 나지?"
　아이들보다 더 신이 난 어 형사가 한 수선 떨어 주시니, 아이들도 흥이 나서 큰 소리로 대답했다.
　"네, 멋져요!"

겉에서 보기에는 그냥 커다란 천막 같았는데, 안에 들어가 보니 정말 휘황찬란한 무대가 펼쳐져 있었다. 특히 그 광경은 지리산 산골에서 자란 달곰이에게는 난생 처음 보는 환상적인 세상이었다.

"전 이런 거 처음 봐요. 우리 할머니 보시면 좋아하실 텐데……."

달곰이는 그새 또 할머니 생각을 했다. 뭐든 좋은 것만 있으면 할머니 생각이 절실히 나는 달곰이. 그러나 그런 달곰이가 혜성이는 촌스럽게 느껴지고 짜증이 났다. 그래서 대놓고 면박을 주었다.

"조용히 좀 하지!"

까칠한 혜성이의 행동에 순간 싸늘해지는 분위기. 그러자 어 형사가 아이들을 잡아끌며 말했다.

"자, 자! 자기 자리 찾아서 앉아. 요리야, 이리 와. 오빠랑 앉자~."

그러자 우리의 성격 좋은 요리, 생글생글 웃으며 대답했다.

"네~."

그렇게 모두 자리잡고 앉았다.

혜성이는 영 기분이 좋지 않았다. 아니, 솔직히 혜성이는 처음부터 달곰이가 마음에 들지 않았다. 마마보이도 아니고 말끝마다 할머니를 달고 다니는 것도 싫었고, 시골에서 온 티가 팍팍 나는 촌스러움도 싫었다. 게다가 커다란 덩치와 우렁찬 목소리만으로도 금방 눈에 띄는 달곰이는 어디를 가나 사람들의 이목을 집중시켰다. 그리고 그런 일은 혜성이에게 참 당황스러운 일이었다.

훤칠한 키와 잘생긴 외모로 어디를 가나 오빠 부대를 몰고 다니던 혜성이. 사람들의 시선을 한 몸에 받는 것을 당연하다고 여기며 은근히 즐기기까지 했는데, 이유야 어떻든 달곰이만 있으면 혜성이는 관심의 대상에서 제외되었다. 그러니 기분 좋을 리가 있겠는가! 혜성이는 옆에 앉은 영재가 열심히 비디오카메라를 찍는 것까지도 한심해 보였다.

'촌스럽긴…….'

그런데 바로 그때, 불이 꺼지고 신비한 음악이 흘러나오면서 기다리고 기다리던 서커스가 시작되었다.

곡예사의 추락

서커스는 정말 환상적이었다. 피에로의 저글링과 외발 자전거 묘기도 재미있었고, 천장에 달린 기다란 천 하나를 몸에 감고 올라갔다 내려갔다 하면서 한 마리 새가 된 듯이 날아다니는 공연은 간이 콩알만 해질 정도로 긴장감이 넘쳤다. 또 원숭이들이 펼치는 '원숭이 영어 교실', '춤추며 접시돌리기' 등 볼거리도 풍성했다. 아이들은 공연마다 소리를 지르기도 하고, 배꼽이 빠지도록 웃고, 두근두근 가

> **말을 배우고 이해하는 똑똑한 원숭이**
>
> 침팬지는 원숭이 가운데 가장 똑똑하다고 해. 과학자들은 침팬지에게 몸짓 언어를 포함한 여러 형태의 언어를 가르치는 연구를 많이 했어. 1960년대에는 한 침팬지에게 몸짓 언어 160개 이상을 가르쳤대. 최근의 연구에 따르면, 침팬지는 사람이 쓰는 말을 듣고 150개 이상의 단어를 이해했다고 해.

슴이 설레기도 하면서 그동안의 스트레스를 날려 보냈다.

눈 깜짝할 사이에 시간이 흐르고 어느새 마지막 공연, 오늘의 하이라이트! 지상에서 5미터 위에 매달린 줄 위에서 펼쳐지는 '외줄 타기' 순서가 되었다. 게다가 곡예사는 바로 우리나라에서 둘째라고 하면 서러울 '최고야'. 외줄 타기 공연 1만 회를 넘겨 최고 기록을 갖고 있는, 말 그대로 외줄 타기의 달인이었다. 게다가 최근 서커스에서 일어나는 이야기를 다룬 드라마에 주인공으로 출연해 일약 스타덤에 오른 인기 최고의 훈남 곡예사니, 정말 기대되는 공연이 아니겠는가!

"드디어 오늘의 하이라이트! 우리나라, 아니 전 세계 최고의 외줄 타기 곡예사, 요즘 인기 짱~인 오빠를 소개합니다. 최고야!"

"와!"

우레와 같은 박수 소리와 함께 드디어 그가 나타났다. 드라마에서 보았던 것보다 키도 훨씬 크고 외모도 멋졌다. 자신만만하게 걸어 나와 멋지게 인사하는 모습!

"꺅~. 오빠! 오빠!"

드디어 최고야가 기다란 사다리를 올라가기 시작하고, 장내는 금세 찬물을 끼얹은 것처럼 조용해졌다. 최고야가 줄 끝에 도착하자 조수인 듯 보이는 사람이 기다란 장대를 가져다주었다.

최고야는 장대를 잡더니 줄 끝에 서서 이리저리 몸을 움직여 중심을 잡았다. 긴장감을 높이는 북소리가 요란하게 울리고, 드디어 최고야는 외줄 위로 첫발을 떼기 시작했다.

가슴이 쿵쾅쿵쾅 요동치고 온몸에서 식은땀이 쫙 스며 나오는 느낌! 정말 스릴 만점이었다. 그러나 그 긴장감이 무색하리만큼 너무도 사뿐히 줄 위에 서는 최고야. 그가 여유 있는 표정으로 돌아보자, 여기저기서 탄성과 박수 소리가 터져 나왔다. 그러자 최고야는 그 소리를 음악 삼아 마치 춤을 추듯 사뿐사뿐 줄 위를 걸어가는 것이 아닌가. 역시 최고야!

"여러분, 큰 박수 부탁드립니다."

사회자의 말이 떨어지기가 무섭게 우레와 같은 박수가 터져 나왔다.

그러자 최고야가 이번에는 들고 있던 기다란 장대를 머리 위로 올리더니 뱅글뱅글 돌리기 시작했다. 땅 위에 서서 돌리기도 힘든 장대를 5미터 높이의 외줄 위에서 돌리다니! 더 큰 탄성이 울려 퍼졌다. 최고야도 자신의 묘기에 만족한 듯 살짝 미소를 띠었다.

그런데 모든 게 완벽하게 돌아가는 순간, 바로 그 순간이었다. 최고야가 갑자기 비틀하는 듯하더니, 순식간에 쿵! 바닥에 떨어지고 말았다.

"꺄아악~!"

날카로운 비명 소리와 함께 모두 벌떡 일어났다. 5미터 높이의 외줄 위에서 아무런 안전장치도 없이 그가 떨어진 것이다. 순식간에 일어난 사고였다. 곧 단원들이 무대 위로 뛰어나오고 최고야는 실려 나갔다.

방금 전까지 환하게 웃던 자신만만한 최고야도, 들썩들썩 흥겨웠던 분위기도 온데간데없고, 공연장은 웅성거리는 소리와 여학생들의 울부짖는 소리로 아수라장이 되어 버렸다. 아이들도 이 급작스런 상황에 모두 아연실색해 서로의 얼굴만 쳐다보고 있었다.

"어떡해요, 저 아저씨 어떡해요? 흑흑흑."

요리가 울음을 터뜨리고 말았다. 어 형사는 얼른 요리를 달랬다.

"괜찮을 거야. 걱정 마. 너희도 괜찮지?"

"네."

어 형사와 아이들은 학교로 돌아왔다. 갈 때와 너무 다른 분위기. 눈앞에서 그런 끔찍한 사고가 일어날 거라고는 아무도 생각하지 못했다.

 영재의 추리

"아이, 참! 괜히 가자고 해 가지고는……."

어 형사는 계속 후회가 되었다. 아이들은 여전히 많이 놀란 상태였다. 명색이 어린이 과학 형사대지만 아직까지는 사람이 떨어지는 대형 사고를 바로 눈앞에서 본 적이 없었기 때문이다. 우울한 저녁 식사 시간이 끝나고 휴게실에서 뉴스를 보는데, 아까의 그 사건이 나왔다.

"우리나라 최고의 외줄 타기 곡예사 최고야 씨가 공연 중에 외줄에서 떨어져 큰 부상을 입었습니다. 최근 드라마 출연으로 인기를 얻던 최고야 씨는 한순간의 실수로 몸의 중심을 잃고 떨어진 것으로 밝혀졌습니다. 현재 중태로 아직까지 의식이 없는 상태입니다."

"가만, 뭐 다른 거 없나?"

어 형사는 얼른 채널을 돌리려고 일어났다. 그러자 혜성이가 말했다.

"오늘은 일찍 자면 안 될까요?"

"그, 그럴래? 그래. 일찍 가서 쉬어라. 너무 걱정하지 말고!"

어 형사의 당부를 뒤로하고 아이들은 모두 각자의 방으로 돌아갔다.

영재도 방으로 돌아가자마자 자고 싶다는 생각이 들었다. 그래서 옷도 갈아입지 않고 그대로 침대에 누웠다. 그런데 막상 자려고 하니 오히려 아까 그 장면이 더 생생하게 떠올랐다. 아무도 상상하지 못한 순간, 눈 깜짝할 사이에 일어난 사고. 사실 영재는 비디오를 찍고 있었기 때문에 처음엔 좀 어리둥절했다. 마치 영화 속에서 일어난 일같이 느껴졌다. 떨어지기 직전 최고야가 만족한 표정으로 살짝 짓던 미소가 자꾸 떠올랐다. 이렇게는 잠을 잘 수 없을 것 같았다. 영재는 벌떡 일어나 비디오카메라를 찾았다. 그러고는 다시 그 순간을 돌려 보았다.

화면 속의 최고야는 아슬아슬한 사다리를 여유 있게 올라간다. 기다란 장대를 받고, 외줄에 첫발을 뗀다. 그러고는 사뿐사뿐 걸어 줄의 중간까지 간 다음, 기다란 봉을 돌리기 시작한다. 한 바퀴, 두 바퀴, 세……. 그러다 갑자기 쿵, 떨어졌다! 순간, 영재의 가슴도 쿵! 떨어지는 것 같았다. 그런데 뭔가 강하게 스치고 지나가는 이상한 느낌.

'떨어졌다, 뭔가가 떨어졌다!'

영재는 얼른 테이프를 되돌려 보았다. 그래, 최고야가 떨어지기 직전 뭔가가 먼저 떨어졌다. 순식간이라 자세히 보이지는 않았지만 분명히 뭔가 먼저 떨어졌다. 영재는 화면을 천천히 돌려 보았다. 그래, 있다! 영재는 그 물체가 뭔지 확대해 보았다. 그것은 다름 아닌 장대 끝에 달려 있던 둥근 공이었다. 바로 그 공이 최고야보다 먼저 떨어진 것이다.

'장대에 달린 공이 먼저 떨어졌다? 그래, 바로 그거야!'

영재는 테이프를 다시 앞으로 돌려 보았다.

'공! 공을 찾아야 돼!'

그러나 최고야가 떨어지자 바로 사람들이 몰려나오고, 치지직……. 영재도 놀란 나머지 비디오 찍는 것을 멈추고 만 것이다.

"아, 아깝다. 끝까지 찍었어야 했는데!"

하지만 이미 지난 일. 이제 와서 어쩔 수 없지 않은가!

다음 날 아침, 운동 시간이 끝나자마자 영재는 아이들을 불러 모았다.

"어제……. 실수가 아니야. 사고를 가장한 계획적인 살인 미수야."

영재의 난데없는 말과 너무도 확신에 찬 말투에 아이들은 귀가 번쩍 뜨이는 것을 느꼈다.

"실수가 아니라니? 살인 미수라니?"

눈치 빠른 요리가 눈을 반짝이며 물었다.

"내 방으로 가자. 보여줄 게 있어."

아이들은 영재의 방으로 우르르 몰려가 녹화 장면을 보았다.

"잘 봐. 분명히 이상한 게 있어."

그러나 아이들은 아무리 봐도 어제 본 상황과 특별히 다른 점을 발견하지 못했다. 그냥 어제 상황 그대로가 재현된 것 같았다.

"잘 모르겠어. 그냥 어제랑 똑같은데."

요리가 대답하자, 영재는 차분하게 설명하기 시작했다.

"외줄 타기에서 가장 중요한 기술은 바로 무게 중심을 잡는 거야. 무게 중심의 위치가 외줄 위에 올라선 발과 수직인 위치에 있는 경우에는 균형을 잡을 수 있어서 줄에서 떨어지지 않거든."

영재는 말을 계속 이어 나갔다.

"하지만 아주 순간적으로라도 무게 중심이 발과 수직인 위치에서 벗어나면, 균형을 잡을 수 없어서 바로 떨어지고 말지. 그래서 최고야는 기다란 장대를 이용해 무게 중심을 발과 수직인 위치에 있도록 유지함으로써 균형을 잡았던 거야."

"그래서 그게 어떻게 됐다는 거야?"

영재의 긴 설명에 몸이 달았는지 혜성이가 재촉을 했다. 그러자 영재는 아까보다 더 차분한 목소리로 자신의 추리를 계속했다.

"왜 안정되게 균형을 잘 잡고 가던 최고야가 순간적으로 균형을 잃었을까 생각해 보자고. 그냥 실수라고 하기에는 그동안 쌓은 최고야의 경력이나 기술로는 이해할 수 없는 부분이지."

"그럼, 뭔가 다른 이유가 있단 말이야?"

요리가 묻자, 영재는 대답했다.

"응. 최고야가 균형을 잃기 직전에 장대의 공이 떨어져 나갔어."

그리고 영재는 공이 떨어져 나가는 순간을 캡처해 천천히 보여 주었다. 정말 영재의 말대로 장대의 공이 먼저 떨어져 나가고, 그러자 최고야가 기우뚱하면서 밑으로 떨어지는 것이었다.

"결국 최고야가 떨어진 것은 장대에 달린 공이 떨어져 나가면서 한

쪽의 무게가 가벼워져 무게 중심이 흐트러졌기 때문이지."

"그럼 문제는 불량 장대라는 얘기네."

달곰이가 말하자 영재는 심각한 표정으로 대꾸했다.

"불량 장대라……. 장대는 외줄 타기 곡예사에게 생명줄과 같은 거야. 그런데 불량 장대인 줄 알면서 들고 올라갈 사람이 어디 있겠어."

"그럼 뭐야? 누군가가 장대의 공이 떨어져 나가게 만들었단 말이야?"

혜성이가 묻자, 영재는 확신에 찬 어조로 대답했다.

"응. 그러니까 찾아야지. 불량 장대를 가져다 준 사람이랑 장대를!"

서커스단에 잠입하다

아이들은 박 교장과 어 형사에게 곡예사 추락 사건에 대한 영재의 추리를 들려주고, 그 추리를 뒷받침하는 증거로 비디오테이프를 보여 주었다. 그러자 어 형사가 가슴을 치며 안타까운 듯 말했다.

"이럴 수가, 난 정말 실수로 떨어진 줄 알았는데!"

자타 공인 범인을 잘 잡는 수사관 중 한 명인 어 형사. 너무도 순식간에 일어난 사고인 데다가 외줄 타기는 워낙 위험천만하기 때문에, 어 형사는 최고야의 실수라고 생각했다. 그래서 현장 보존도 하지 않고 아이들을 데리고 황급히 자리를 뜬 것이었는데, 그게 아니라 살인 미수라니! 어 형사는 아이들 보기가 창피해 쥐구멍에라도 들어가고 싶었다.

"그래서 일단 장대를 갖다 준 남자랑 장대부터 찾아보려고요."

"누가? 너희가?"

"네!"

그러자 박 교장은 단호한 표정으로 대답했다.

"안 돼. 아직은 안 돼. 너희는 아직 형사 수업 중이고 실제 사건을 맡기에는 너무도 역부족이야."

물론 박 교장도 영재의 추리에 일리가 있다고 생각했다. 그러나 아직은 아이들을 현장에 보내는 것이 위험하다고 판단했고, 자신들이 세운 계획에 잔뜩 흥분하고 있어서 더 걱정되었다. 너무도 단호한 박 교장의 대답에 아이들은 더 이상 대꾸도 하지 못하고 교장실을 나오고 말았다.

오랜만에 의견이 모여 신 났던 아이들은 어깨를 추욱 늘어뜨리고 휴게실로 돌아왔다. 특히 혜성이는 박 교장의 결정이 영 못마땅했다. 아직 자신들을, 특히 나혜성 자신을 못 믿는다는 것을 받아들일 수 없었다.

그날 오후, 아이들이 모두 도서관에서 공부하기 바쁜 시간, 혜성이는 혼자 살짝 학교를 나섰다. 그리고는 서커스 공연장을 다시 찾았다. 구경 온 사람들은 첫날보다 훨씬 적었다. 최고야가 떨어졌다는 소식이 전해지면서 아무래도 영향을 받은 모양이었다. 혜성이는 공연 내내 장대를 전해 준 남자가 나오는지 살펴보았다. 그러나 그는 나오지 않았다. 공연의 하이라이트였던 외줄 타기는 아예 빠져 있었다.

혜성이는 공연이 한창 진행되는 틈을 타서 살짝 무대 뒤로 숨어들었다. 무대 뒤쪽에는 곡예사들을 위한 임시 숙소가 있었다. 모두 공연 중이라 그런지 아무도 없었다. 혜성이는 여기저기 살펴보았지만, 어디에도 장대는 보이지 않았다. 그런데 바로 그때, 어디선가 말소리가 들리기 시작했다. 소리 나는 쪽으로 가 보니, '단장실'이라고 씌어 있었다.

"안 돼. 아직은 안 돼!"

방 안에서는 뭔가 심각한 얘기가 오가는 것 같았다.

"그럼 얘기가 틀려지는 거 아니에요? 저랑 약속하신 게 있잖아요."

"있지. 물론 있지. 하지만 자네도 생각해 봐. 지금 외줄 타기 공연을 다시 올린다면 사람들이 어떻게 생각하겠어. 최고야가 아직도 깨어나지 못했는데, 정말 인정사정없는 사람들이라고 욕하지 않겠냔 말이야. 기다려. 천천히 해도 늦지 않아."

"더 기다리라고요? 난 이미 너무 오래 기다렸어요. 이제 단장님의 목표가 이루어졌다 싶으니까 나 몰라라 하시는 건가요? 하지만 안심하지 마세요. 사건이 밝혀지면 단장님도 무사하지 못할 테니까요."

"이, 이 사람이! 조용히 해! 누가 들으면 어쩌려고……."

"그러니까 너무 오래 기다리게 하지 마세요. 전 이미 죽을 각오로 한 거니까 어떻게 되든 괜찮거든요. 하지만 단장님은 계속 단장을 하셔야 되잖아요? 그게 다 제 덕분이라는 거 잊지 마셔야 할 거예요. 잘 아시겠지만 전 참을성이 없어서요. 그렇게 오래 기다리진 못할 거예요."

그러고는 나오는 소리가 들렸다. 혜성이는 얼른 옆방으로 몸을 숨겼다. 한 남자가 문을 닫고 나오더니, 입가에 살짝 뜻 모를 웃음을 지었다. 순간, 혜성이는 식은땀이 쭉 나는 것을 느꼈다.

'그 남자다. 장대를 준 바로 그 남자!'

최고야에게 불량 장대를 건네 준 남자. 바로 그 남자였던 것이다.

한밤중이 되고 뉴스 토의가 끝난 후 각자의 방으로 가려는 순간, 자기 방으로 모이라는 혜성이의 눈짓에 아이들은 뭔가 낌새를 알아차렸다. 오후 내내 혜성이가 보이지 않았다는 사실을 아이들은 다 알고 있었다. 분명히 서커스 공연장에 갔으리라고 생각했다. 아이들이 다 모이자, 혜성이는 낮에 서커스 공연장에서 일어난 이야기를 들려주었다.

"이름이 뭐야?"

요리가 물었다.

"이름? 그, 그건 아직 모르지. 하지만 분명해. 그 남자가 범인이야."

"그럼 단장은? 단장도 공범이란 얘기잖아."

"그렇지."

그런데 이제껏 조용히 듣기만 하던 영재가 나지막한 소리로 말했다.

"이것만으로는 증거가 될 수 없어. 보다 확실한 증거를 찾아야 해."

영재의 말에 혜성이는 기분이 나빴다. 얼마나 큰 위험을 무릅쓰고 가서 얻은 증거인데, 그것 가지고는 안 된다니!

"확실한 증거? 그게 뭔데?"

"장대. 그 장대를 찾아야 돼."

영재가 말하자, 혜성이는 벌떡 일어나 소리쳤다.

"그럼 너희가 찾아보시지. 그렇게 탁상공론만 하지 말고!"

"아니……. 나는……."

"아, 피곤해. 이제 그만 나가 줄래?"

까칠해진 혜성이가 아이들을 밀어냈다. 또 삐친 것이다.

어 형사의 수사

그 시간, 어 형사는 박 교장에게 수사 보고를 하고 있었다. 아이들의 말대로 최고야에게 장대를 준 사람부터 알아본 결과에 대한 것이었다.

"이인남. 나이는 스물 여덟이고요. 최고야랑 동갑이고 어려서부터 같이 서커스에 들어와 외줄 타기를 배웠대요. 그런데 실력으로 보나 외모로 보나 최고야보다 좀 못하니까 항상 2인자의 자리에 있었대요."

"음……. 그럼 최고야의 인기와 능력을 시기해서 범행을 계획했다?"

"그럴 가능성이 있죠. 그리고 이상한 점이 한 가지 더 있어요."

"이상한 거? 뭔데?"

"오히려 사이가 안 좋았던 건 최고야랑 서커스 단장이었대요."

"왜?"

"그 이유는 더 조사를 해 봐야겠는데, 돈이 얽혀 있는 것 같더라고요."

"돈이라……. 그럼 혹시 단장이 최고야의 출연료를 가로챈 건 아닐까? 아님 서커스단 돈을 빼돌렸거나!"

"그럴 수도 있겠네요. 내일 조사해 볼게요."

"그래! 그럼 수고해."

교장실에서 나온 어 형사는 이 사건을 어떻게 해서든지 해결해야겠다고 한 번 더 마음을 먹었다. 물론 수다스럽고 수선스럽기로 유명한 어 형사지만, 그래도 명색이 형사인데 눈앞에서 벌어진 사건을 그냥 놓치고 말았다는 자책감에 어깨가 무거웠다.

"그래, 일단 단장부터 만나 봐야겠어!"

 ## 장대를 찾아라!

다음 날 오후, 영재는 혜성이의 말대로 장대를 찾기 위해 서커스 공연장에 몰래 들어가는 모험을 감행했다. 공연장 뒤쪽으로 난 출입구를 통해 살짝 숨어든 영재는 일단 방을 하나하나 샅샅이 뒤지기 시작했다. 그러나 장대는 쉽게 나타나지 않았다. 그렇게 얼마쯤 찾았을까? 영재는 모퉁이에 있는 작은 방문을 살짝 열어 보았다. 마침 방에는 아무도 없었다.

영재는 재빨리 방으로 들어가 문을 닫았다. 방 안에는 달랑 침대 하나와 무대 의상이 걸린 기다란 옷걸이가 전부. 워낙 있는 게 없어서 뒤질 것도 없었다. 하지만 그냥 나갈 수는 없는 일. 영재는 침대 구석구석, 옷 하나하나를 샅샅이 뒤졌다. 그러나 아무런 단서도 찾지 못했다.

'역시 이 방도 아니구나!'

영재가 실망하여 방에서 나오려는 순간, 늘어진 침대보 밑부분이 살짝 튀어나온 것이 보였다. 영재의 머릿속에 번뜩 스치는 것이 있었다.

'장대!'

영재는 얼른 침대보를 걷었다. 맞았다. 바로 장대였다. 쭉 빼 보니, 꽤 긴 장대가 나왔다. 양쪽으로 동그란 공이 달린, 보기에는 멀쩡한 장대였다. 영재는 장대를 잘 살폈다. 그런데 자세히 살펴보니, 그중 한쪽 공이 살짝 찌그러져 있었다. 뭔가에 심하게 부딪힌 것 같은, 약간 평평하게 눌린 자국. 영재는 그 공을 살짝 만져 보았다. 그러고는 천천히 돌려 보았다. 그런데 바로 그 순간, 공이 쑤욱 빠지는 것이었다.

원래 그런가 하여 반대쪽 공도 잡아당겨 보았지만, 반대쪽 공은 나사로 꽉 조여 있어서 빠지지 않았다. 그렇다면 왜 이쪽 공만 빠지는 거지?

영재는 장대를 자세히 살펴보았다. 장대의 나사가 미세하게 갈려 있었다. 줄칼 같은 것으로 갈아서 나사의 날카롭게 파인 부분을 무디게 만들어 놓은 것이다. 영재는 공을 다시 장대에 끼웠다. 쑥 들어갔다.

가만히 들고 약간씩 흔들어 보았다. 공은 빠지지 않았다. 이번엔 돌려 보았다. 장대가 길어서 그냥 돌리는 것만으로도 힘이 들었다. 그런데 하나, 둘, 셋, 네 바퀴를 돌리는 순간, 쑥~! 공이 튕겨 나왔다.

"그래, 바로 이거야!"

공과 장대를 연결하는 나사를 갈아 내어 연결을 헐겁게 해 놓으면, 그대로 들고 있을 때에는 큰 문제가 없다가 빙빙 돌릴 때 원심력 때문에 공이 밖으로 튕겨 나가게 되는 것이다. 영재는 얼른 장대와 공을 챙겼다. 증거물로 가져간 다음, 그 남자를 잡아들이면 된다.

그런데 그때였다. 발자국 소리가 들렸다. 누군가 방으로 다가오는 소리! 영재는 머리가 쭈뼛 서는 것을 느꼈다. 빨리 어딘가로 숨어야 될 텐데……. 그러나 비좁은 방 안에는 숨을 데가 한 곳도 없었다. 침대 밑도 너무 낮아 들어갈 수 없었다. 영재가 어쩔 줄 모르고 허둥지둥하는 사이, 방문 손잡이가 돌아가고, 한 남자가 들어왔다!

"누구야? 너 누구야?"

영재가 돌아보니, 역시 그 남자. 최고야에게 장대를 갖다 준 남자였다. 남자는 잽싸게 영재를 잡아챈 다음, 영재의 목을 조르며 소리쳤다.

"너 뭐야? 누가 보냈어?"

원운동과 구심력

운동하는 모든 물체는 외부에서 힘이 가해지지 않으면 일정한 속도를 유지하며 똑바로 가려는 성질이 있어. 그런 성질을 '관성'이라고 하지. 그래서 속도를 빠르게 하거나 느리게 하려면 힘을 주어야 해. 원운동은 물체의 운동 방향이 계속 바뀌는 운동이야. 운동 방향이 바뀌기 위해서도 힘을 계속 주어야 하지. 물체가 원운동을 계속 하게 하려면 물체를 중심 방향으로 계속 당겨 주어야 하는데 이 힘이 구심력이야. 구심력이 없으면 물체는 똑바로 날아가게 돼.

"이, 이것 좀 놓으세요. 말할게요. 다 말할게요."

남자는 영재를 돌려 세우더니, 험악한 표정으로 물었다.

"빨리 말해. 누구야?"

"켁켁켁……. 보낸 사람 없어요. 제가 궁금해서 왔어요. 최고야 아저씨가 왜 떨어졌는지. 장대 끝에 달린 공이 먼저 떨어지는 걸 전 분명히 봤어요. 누군가 일부러 공이 떨어지게 한 거죠. 그리고 그게 바로 아저씨라는 걸 알았어요. 그래서 증거를 찾으러 온 거예요."

너무도 솔직하게 말하는 영재. 남자는 영재의 말에 얼굴이 벌겋게 달아올랐다. 그러더니 기가 막히다는 표정으로 물었다.

"그게 나라는 증거가 어딨어? 어딨냐고?"

"아저씨가 최고야 아저씨한테 장대를 갖다 줬잖아요. 그리고 아저씨랑 단장님이 하는 얘기 다 들었어요. 그리고 이거. 나사를 갈아서 한쪽 공이 빠지도록 만들어 놓은 이 장대가 바로 증거물이죠."

남자는 얼굴이 하얗게 질리더니, 영재를 흔들며 소리쳤다.

"그래, 나야! 최고야를 다치게 한 건 바로 나라고. 하지만 이제 내가 너를 이렇게 잡고 있으니 그게 밝혀지긴 어렵겠지? 하하하. 넌 모를 거야. 언제나 2인자의 자리에 있어야만 했던 내 슬픔을!"

순간, 영재는 섬뜩한 느낌이 들었다. 사실 영재는 이렇게 남자에게 들킬 거라고는 생각지도 못했다. 그냥 증거를 찾아오겠다는 생각밖에 없었다. 이제 영재는 남자의 번뜩이는 눈이 두려워지기 시작했다. 그의 뼛속

 깊은 곳에서 나오는 듯한 말투에 영재는 그가 뭐든지 할 것만 같은 느낌이 들었다. 온몸에 소름이 쫙 돋으면서 엄마 얼굴이, 아빠 얼굴이 차례로 떠올랐다. 눈에서는 주르륵 눈물이 흐르기 시작했다. 빠져 나갈 방법은 없어 보였다. 바로 그때였다. 방문이 벌컥 열렸다.

 "이인남!"

 아, 어 형사였다. 그 뒤에는 요리와 달곰이, 혜성이도 있었다.

 "당신을 최고야 살인 미수죄로 체포합니다."

 남자는 악에 받쳐 소리쳤다.

 "뭐, 뭐라고? 살인 미수? 하하하, 그래? 그렇다면 단장도 잡아넣지. 난 그가 시키는 대로만 했을 뿐이야. 그랬을 뿐이라고!"

그러자 어 형사는 재빨리 이인남을 붙잡아 수갑을 채우며 말했다.
"걱정하지 마. 벌써 잡았으니까."

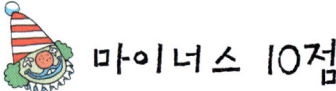 마이너스 10점

"으이그~, 이 겁 없는 녀석들. 내가 가지 말라고 했잖아!"

어 형사는 기가 막히다는 듯 아이들을 혼냈다. 이번 사건에 단장이 연관되어 있음을 확신한 어 형사는 결국 단장에게 자백을 받아 냈다. 자신이 서커스단의 돈을 빼돌린 것을 최고야가 알게 되어 입을 막고자 이인남을 부추겨 사건을 저지르게 했다는 것이다. 그래서 이인남을 체포하러 가려던 참이었는데, 요리가 다급하게 뛰어오는 게 아닌가!

"큰일 났어요. 영재가 없어졌어요."

요리는 어제 혜성이가 혼자 서커스 공연장에 간 것이 영 마음에 걸렸다. 충분히 위험한 상황이 벌어질 수 있기 때문이다. 그런데 오늘 또 영재가 갔으니! 요리는 불안한 마음에 어 형사에게 이 사실을 알렸다. 그래도 그때 갔으니 망정이지 정말 크게 다칠 수도 있는 상황이었다.

"죄송해요. 증거물을 찾아야 된다는 생각에 그만……."

영재가 고개를 떨구며 대답했다.

"죄송해요. 잘못했습니다."

다른 아이들도 용서를 빌었다. 그러나 박 교장의 화난 표정은 풀리지 않았다. 박 교장은 낮은 목소리로 말했다.

"너희는 어린이 형사 학교 학생으로서 상관의 명령에 따를 의무가 있다. 그런데 그 의무를 무시하고 너희 마음대로 행동했지. 그래서 벌점을 내린다. 모두 마이너스 10점. 이상!"

아이들은 기가 팍 죽어 휴게실로 돌아왔다. 그리고는 저마다 풀이 죽어 한마디도 하지 않고 앉아 있었다. 그때 어 형사가 왔다.

"이번엔 너희들이 잘못한 거야. 결과만 가지고 잘했는지 못했는지를 판단할 수는 없어. 특히 우리같이 위험한 일을 할 때에는 과정도 아주 중요하지. 사건의 해결도 중요하지만 너희의 안전이 훨씬 더 중요해. 이 점 잊지 말아라. 교장 선생님께서 너희가 거기 갔다는 말 듣고 얼마나 놀라셨는지 알아? 다음부터는 절대 그러면 안 돼. 알았지?"

"네."

"자, 그럼 오늘은 일찍 쉬어. 영재는 다친 곳 없니?"

"괜찮아요. 그냥 어깨가 조금 쑤시기만 해요."

"그래. 더 아프면 빨리 나 깨워라."

어 형사가 나가자 아이들도 일어섰다. 저마다 어깨를 축 늘어뜨리고 방으로 돌아가려 하는데, 요리가 조그마한 소리로 중얼거렸다.

"아자아자, 파이팅!"

순간, 동시에 모두 돌아섰다. 그리고는 서로를 보며 힘껏 외쳤다.

"아자아자, 파이팅!"

영재가 들려주는
사건 해결의 열쇠

최고의 외줄 타기 곡예사, 최고야에게 일어난 '곡예사 추락 사건'. 이 사건이 단순한 실수가 아니라 철저한 사전 계획에 의해 벌어진 일임을 밝혀낸 사건 해결의 열쇠는 바로 '무게 중심'이야.

💡 무게 중심이란?

모든 물체에는 지구가 잡아당기는 힘인 중력이 작용해. 물체는 받쳐 주지 않으면 중력 때문에 밑으로 떨어지게 되어 있어. 물체가 중력을 이기고 떨어지지 않게 하려면 '무게 중심'을 받치면 돼.

그렇다면 무게 중심은 무엇일까? 중력은 물체의 모든 곳에 작용하지만, 물체 안에는 그 물체의 전체 중력이 작용하는 것처럼 여겨지는 한 점이 있

〈받침점이 하나일 때 무게 중심의 위치에 따른 변화〉

어. 이 점을 무게 중심이라고 하지. 물체의 무게 중심을 받치면 물체는 수평을 이루게 돼.

 그런데 무게 중심을 받치는 점인 받침점이 무게 중심에서 벗어나면 어떻게 될까? 그때는 받침점 양쪽의 무게가 달라지면서 중력이 다르게 작용하게 되지. 그러니까 더 무거운 쪽, 즉 중력이 더 크게 작용하는 쪽으로 기울면서 기우뚱 중심을 잃고 떨어지거나 쓰러지게 되는 거야.

 물체가 안정되게 있으려면 물체의 무게 중심이 가능한 한 가장 낮은 위치에 있어야 해. 원뿔 모양의 물체가 있다고 생각해 봐. 이 물체의 꼭지점을 책상 위에 대고 세우면 잘 세워지지 않지? 그런데 바닥을 책상 위에 놓으면 안정되게 있지. 이런 원리를 이용한 게 오뚝이야.

💡 무게 중심의 위치

 그렇다면 물체의 무게 중심은 어디에 있을까? 궁금하면 찾아보면 되지.
 보통 자나 책처럼 모양과 두께가 일정한 물체는 한가운데에 무게 중심이 있어. 자의 양 끝을 양쪽 검지 위에 올려놓고 자가 기울어지지 않게, 즉 수평을 유지하면서 두 손가락을 만나게 해 봐. 두 손가락이 만나는 위치가 바로 자의 '무게 중심'이야. 어때? 한가운데에 무게 중심이 있지?

〈자의 무게 중심 찾기〉

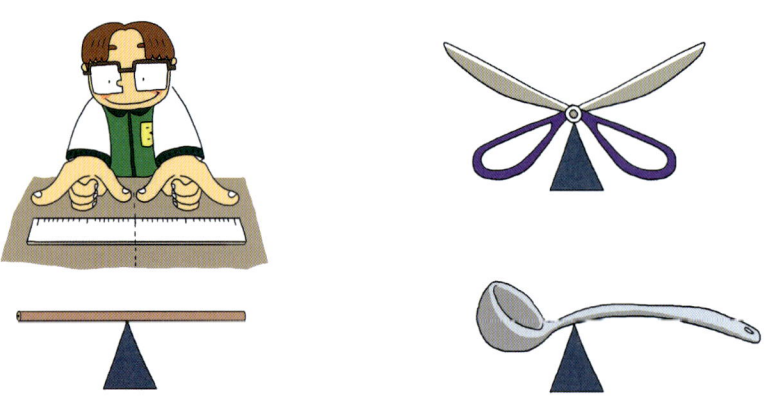

〈여러 물체의 무게 중심〉

그런데 모든 물체가 자나 책처럼 모양과 두께가 일정하지는 않잖아? 국자나 주걱처럼 말이야. 그럼 이번엔 국자의 무게 중심을 찾아볼까? 자와 똑같은 방법으로 양쪽 검지 위에 국자를 올려놓고 수평을 유지하면서 두 손가락이 만나게 하면, 어때? 한가운데가 아니라 둥근 부분 쪽으로 상당히 치우친 부분에서 만나게 되지? 그곳이 국자의 무게 중심이야.

💡 피사의 사탑

무게 중심은 때로는 우리 눈에 불가사의하게 보이는 현상을 설명하는 원리가 되기도 하지. 그 대표적인 예가 바로 이탈리아 피사에 있는 '피사의 사탑'이야. 피사의 사탑은 높이 약 56m, 지름 약 16m의 거대한 탑인데, 모래와 진흙과 물이 섞인 불안정한 땅에 지어지는 바람에 탑이 다 세워졌을 때부터 1년에 약 1mm씩 계속 기울어졌어. 현재는 탑의 꼭대기가 수직선에서 5m나 기울어졌대.

언제 무너질지 몰라 정말 걱정스럽다고? 하지만 너무 걱정하지 마. 수백 년이 지난 지금도 무너지지 않고, 앞으로도 탑을 받치고 있는 땅이 계속 가라앉지 않고 탑 자체가 튼튼하다면 무너지지 않을 테니까. 왜냐고? 아래 그림에서 보는 것처럼 무게 중심이 두 받침점 사이에 있기 때문이야.

〈피사의 사탑의 무게 중심〉

그러니까 잘 생각해 봐. 최고야가 줄 위에 잘 서 있었던 이유는 몸의 무게 중심의 위치가 외줄 위에 올라선 발과 수직인 위치에 있었기 때문이지. 그래서 몸의 양쪽은 똑같은 질량으로 나뉘어 수평 상태를 그대로 유지할 수 있었어. 그런데 갑자기 장대의 공이 떨어져 나가면서 한쪽의 질량이 작아지니까 그쪽을 잡아당기는 중력이 작아지게 되고 상대적으로 반대쪽 중력이 더 커지니까 중력이 큰 쪽으로 기우뚱! 균형을 잃고 떨어지게 된 거지. 어때, 이젠 알겠지?

■ 핵심 과학 원리 – 연소

사건 2

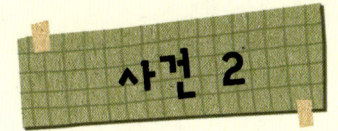

따뜻한 크리스마스

아이들 말대로 모두의 손에는 터지지 않은 폭죽이 그대로 들려 있었다.
그런데 또다시 펑! 펑! 연속해서 커다란 폭발음이 들려왔다.

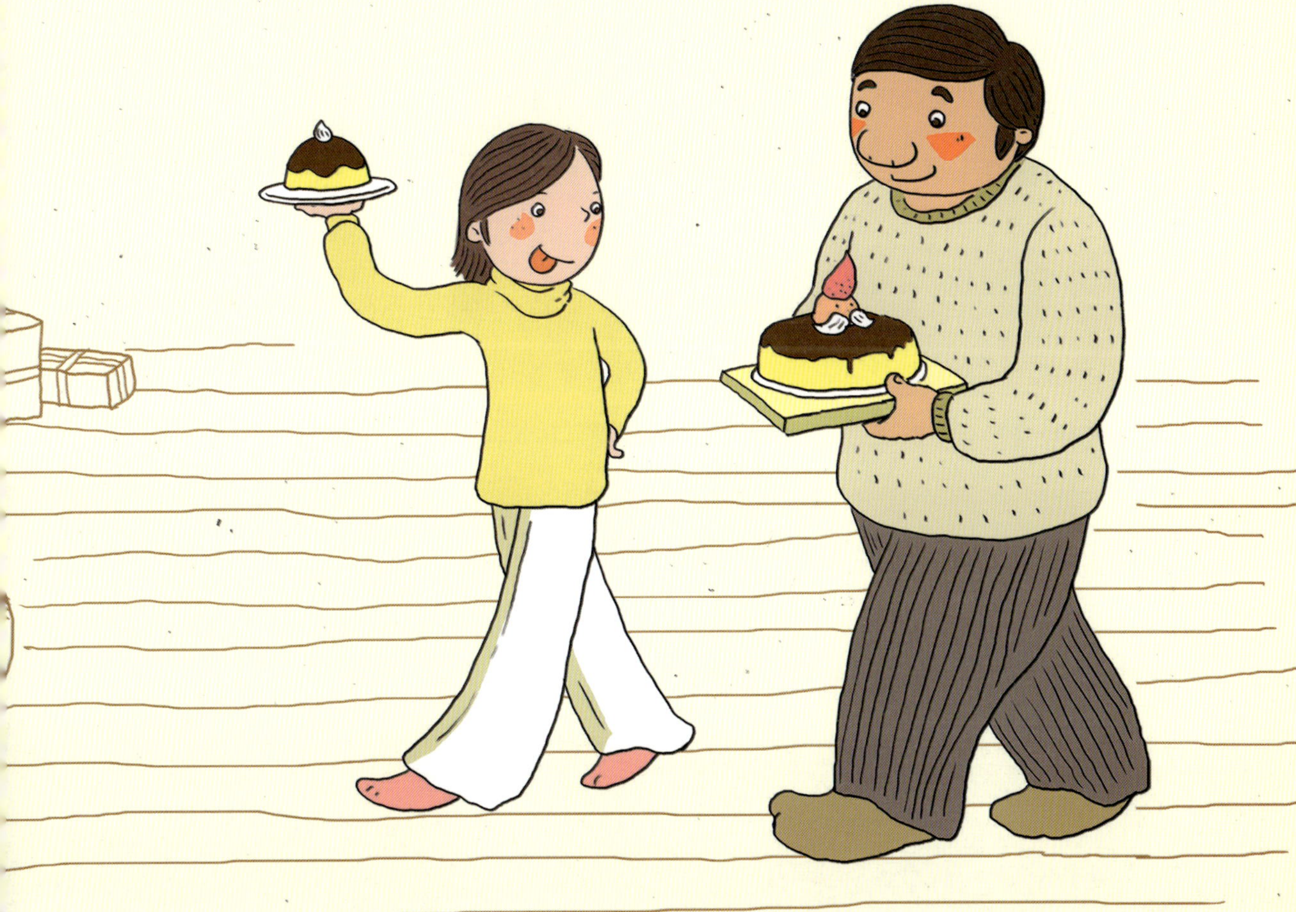

와, 크리스마스다!

"와, 기다리고 기다리던 크리스마스다!"

크리스마스가 사흘 앞으로 다가오니, 요리는 괜히 마음이 싱숭생숭, 엉덩이가 들썩들썩했다. 게다가 이틀만 지나면 방학.

'뭔가 특별한 날을 보내고 싶은데, 좋은 수가 없을까? 그래, 그거야!'

요리는 아침 수업이 시작되기 전 급히 어 형사를 찾았다.

"어 형사님!"

"어허, 오빠! 오빠라고 불러야지!"

어 형사가 아침부터 너스레를 떤다. 착한 요리, 예쁘게 대답한다.

"아, 맞다! 오빠!"

"하하하하! 그래. 좋아, 좋아. 그런데 왜?"

우리의 단순한 어 형사, 오빠라는 말에 좋아 죽는다.

"오늘 저녁에 크리스마스 파티 하면 안 돼요? 모레면 방학이고, 그 다음 날이 크리스마스잖아요. 제가 케이크랑 맛있는 거 준비할게요."

파티라는 말에 어 형사는 귀가 솔깃해졌다. 올해도 애인 없이 쓸쓸한 크리스마스를 보내야 한다는 생각에 괜히 우울해 있었는데, 이게 무슨 하늘에서 금덩이 떨어지는 소리냐! 어 형사는 신 나서 난리가 났다.

"오, 크리스마스 파티! 아주 좋은 생각이야. 재밌겠다!"

"그럼 애들한테도 얘기하고 같이 준비할게요."

"좋아! 그럼 난 음료수랑 과일 같은 거 준비해 갈게."

"네! 그럼 이따 6시까지 교장 쌤 꼭 모셔 오세요."

"알았어! 그럼 이따 보자. 화려한 크리스마스 파티를 위하여!"

"위하여!"

파티를 한다는 요리의 말에 아이들도 고래고래 소리를 지르고 일어나 방방 뛰며 난리가 났다. 역시 아이들에게 가장 행복한 시간은 바로 노는 시간. 노는 거 싫어하는 아이가 이 세상 천지에 어디 있겠는가!

"이따 수업 끝나고 내가 케이크랑 간단한 요리 만들게."

요리의 말에 혜성이도 얼른 나서며 말했다.

"그럼 내가 파티장을 꾸밀게."

"좋아! 달곰아, 너는 나 좀 도와주고, 영재는 혜성이 도와주고. 좋지?"

"응!"

모두가 척척 한마음이다. 때론 티격태격 싸우기도 했지만, 그 사이 아이들은 많이 친해졌다. 아직 미숙하지만 서로의 다른 점을 받아들이고 저마다 가진 장점을 인정하게 되면서 점차 서로에게 편해진 것이다.

하루 종일 어떻게 수업을 했는지도 모르게 시간이 지나가고, 4시쯤 되자 모두 파티 준비를 시작했다.

"와, 누나! 대단하다. 케이크도 만들 줄 알아?"

달곰이는 적잖이 놀랐다. 달곰이에게 케이크는 일 년에 한 번 먹어 볼까 말까 한 귀한 음식이었기 때문이다.

"그럼. 내 이름이 뭐냐. 이요리 아니냐! 이름값은 해야지."

"하하하!"

요리의 농담에 둘은 크게 웃었다. 그리고 케이크를 만들기 시작했다.

"달곰아, 이 밀가루 좀 체로 쳐 줄래? 난 버터를 녹일게. 할 수 있지?"

"그럼. 케이크를 만들어 보진 않았지만 할머니 도와서 밥은 많이 해 봤거든. 나 요리 잘해."

"그럴 줄 알고 널 뽑아 왔지."

"하하하."

달곰이는 밀가루를 체에 붓고 탁탁탁 치기 시작했다.

"그런데 누나, 왜 밀가루를 체로 치는 거야?"

"응. 밀가루를 체로 치면 밀가루 입자 사이사이에 공기가 들어가게 되거든. 그 상태로 빵을 만들면 빵이 더 잘 부풀어 폭신폭신 부드러운 빵이 되는 거야. 또 체로 치면 섞여 있는 이물질도 골라낼 수 있고 덩어리진 것도 부수어 넣을 수 있잖아."

"역시 요리 누나는 똑똑해."

"아유, 날 알아주는 사람은 달곰이밖에 없다니까. 고맙다~."

"하하하!"

달곰이는 자신에게 언제나 친절한 요리가 참 좋았다. 처음 만난 순간부터 한결같은 마음으로 대해 주는 요리. 정말 친누나를 얻은 기분이었다. 둘은 이렇게 도란도란 즐거운 이야기꽃을 피우며 케이크도 만들고 떡볶이에 감자튀김, 닭튀김도 만들었다.

빵이 부푸는 원리는?

밀가루를 체에 쳐서 공기가 밀가루 사이사이에 들어가게 한 다음, 이스트나 베이킹파우더, 설탕, 소금, 물 등을 넣고 반죽을 해. 그러면 그물 구조를 가진 '글루텐'이라는 단백질이 만들어져. 이때 미생물인 이스트는 글루텐 그물 안에서 당분과 공기를 먹고 이산화탄소를 뱉어. 베이킹파우더는 물과 섞이면서 화학 작용으로 이산화탄소를 만들지. 그러면 빵 반죽이 부풀어 올라 통통해져. 이 과정을 '발효'라고 해.

그동안 혜성이와 영재는 나름대로 미적 감각을 발휘하여 꽤 멋진 크리스마스 장식을 했다. 영재는 전기 기구 다루는 솜씨를 발휘해 여러 개의 꼬마전구를 연결해 반짝반짝 빛나는 둥근 크리스마스 장식을 만들었다.

드디어 준비, 끝! 제법 그럴듯하게 차려진 식탁에 나름대로 멋지게 장식된 실내. 크리스마스 파티가 정말 제대로 준비되었다. 준비가 막 끝났을 때, 박 교장과 어 형사가 들어왔다.

"메리 크리스마스!"

"메리 크리스마스! 와, 이게 다 뭐예요?"

요리가 묻자 어 형사는 양손 가득 든 봉지를 내려놓으며 말했다.

"뭐긴~, 교장 쌤이랑 이 오빠가 특별히 준비한 선물이지."

박 교장도 거들었다.

"그래. 우리 오늘 맛있는 것도 많이 먹고 신 나게 놀자!"

"네, 감사합니다!"

아이들이 좋아서 넙죽 인사를 하자, 어 형사는 봉지를 주섬주섬 뒤지더니 폭죽을 꺼냈다.

"짠! 파티에 폭죽이 없으면 안 되지. 자, 셋까지 세고 다 터뜨리는 거야."

"네!"

모두들 폭죽을 하나씩 들고 입을 모아 카운트다운을 시작했다.

"하나, 둘!"

바로 그 순간, 펑! 펑! 소리가 났다.

폭죽이란?

대통이나 종이를 말고 그 속에 화약(주로 흑색 화약)을 다져 넣은 다음 밀봉하고, 거기에 종이를 꼬아서 만든 도화선을 연결해 놓은 거야. 이때 쓰이는 흑색 화약은 질산칼륨 75%, 황 10%, 숯가루 15%를 섞어 만들지. 불을 붙여 터뜨리면 큰 소리와 함께 멋진 불꽃을 낼 수 있어.

"아이, 뭐야~. 셋까지 세고 터뜨리기로 했잖아."

어 형사가 김빠진다는 듯 말하자 모두 어리둥절한 표정.

"아니에요. 저희는 안 터뜨렸어요."

아이들 말대로 모두의 손에는 터지지 않은 폭죽이 그대로 들려 있었다. 그런데 또다시 펑! 펑! 연속해서 커다란 폭발음이 들려왔다.

밀가루 공장 폭발 사건

"그럼 이건 무슨 소리지?"

어 형사가 물었다. 그러자 혜성이가 말했다.

"밖에서 들리는 소리 같은데요."

"나가 봐야겠구나!"

박 교장이 먼저 밖으로 나가자 아이들도 재빨리 따라 나갔다. 다른 학생들과 선생님들도 벌써 밖으로 나와 있었다.

"김 주임, 무슨 일인가?"

박 교장이 학교의 안전을 책임지고 있는 김 주임에게 물었다.

"네, 바로 요 앞 밀가루 공장에서 폭발 사고가 일어난 것 같습니다."

"밀가루 공장?"

김 주임이 가리키는 쪽을 보니, 불길이 활활 타오르고 시커먼 연기가 치솟고 있었다. 매캐한 냄새가 바람을 타고 학교 쪽으로 날아들었다.

박 교장과 어 형사, 아이들은 재빨리 밀가루 공장으로 갔다. 그곳은 학교에서 500미터쯤 떨어진 작은 공장으로 벌써 소방차들이 출동해 진화 작업을 하고 있었다. 다섯 대의 소방차에서 뿌리는 엄청난 물줄기 덕에 불은 금방 꺼졌지만, 허름한 공장 건물은 잿더미가 되어 버렸다.

다친 사람은 이 공장의 사장 한 사람. 다행히 폭발 순간 문 앞에서 뛰쳐나와 큰 화를 면했다고 한다. 사장을 태운 구급차가 병원으로 떠나고 불이 다 꺼지자, 소방차들도 일제히 빠져나갔다. 남은 것은 엄청나게 뿌려 댄 물과 타고 남은 재가 범벅이 된 참혹한 화재 현장.

현장이 아직 어수선해서 어 형사는 아이들에게 한쪽에 있으라고 하고는 경찰들과 함께 현장 조사를 시작했다. 그런데 온몸이 재투성이에 물투성이가 된 아저씨가 다가오더니 아이들을 쫓아내기 시작했다.

"가, 애들은 가! 빨리!"

그러자 어 형사가 황급히 달려와 말했다.

"아, 죄송합니다. 어린이 형사 학교 형사들입니다."

"형사라고요? 이 꼬마들이요?"

"아, 예. 그러니까 신경 쓰지 않으셔도 됩니다."

"그, 그럼 뭐……."

아저씨는 형사라는 말을 못 믿겠다는 듯한 표정이었지만 그래도 순순히 물러났다. 그러자 이번엔 어 형사가 물었다.

"그런데 누구시죠?"

"수위예요. 이 공장 수위."

"아이고, 그러세요? 놀라셨죠?"

어 형사가 친근한 말투에 악수까지 청하자 아저씨는 마음이 조금 누그러진 것 같았다.

"아, 네. 아유~, 아주 깜짝 놀랐죠. 전 전쟁 난 줄 알았어요."

"그러셨겠죠. 사건 발생 상황 좀 자세히 말씀해 주시죠."

"그, 그건 저도 잘 모르겠어요. 막 저녁 시간이라 라면이라도 끓여 먹을까 하고 준비하고 있었는데, 갑자기 공장에서 펑! 하고 소리가 나더니 연속해서 펑! 펑! 여기저기 불길이 막 치솟더라고요."

"그래도 다행히 사고 현장에 직원들이 없었나 봐요?"

"네. 사장님이 3일 후면 크리스마스라고 오늘부터 크리스마스까지 한 시간씩 일찍 가라고 하셔서……. 요즘 별로 일도 없고……. 그래서 폭발이 나기 한 시간 전쯤 모두 퇴근했어요."

"왜 사장님은 퇴근 안 하시고?"

"원래 사장님이 항상 마지막 정리를 하고 나가세요."

"그럼 오늘 혹시 다른 이상한 일은 없었나요? 누가 왔다거나?"

"글쎄요. 별로……. 30분 전쯤 장원이가 다녀간 것밖에는……."

"장원이요?"

"네. 공장원이라고 얼마 전 회사 그만둔 아인데, 크리스마스라고 사장님께 인사하러 왔어요."

"그래요? 그럼 혹시 연락처 좀 알 수 있을까요?"

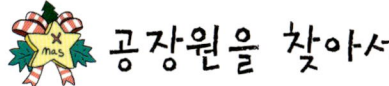 공장원을 찾아서

다음 날 오후, 어 형사가 막 나가려는데 마침 기다렸다는 듯이 요리가 따라나서며 말했다.

"어 형사님, 저도 데려가 주세요."

"왜 넌 짐 안 싸?"

내일이면 방학식. 갑작스런 화재로 파티를 망치긴 했지만, 집에 간다는 생각에 아이들은 잔뜩 들떠 저마다 짐 싸느라 분주했다.

"쌀 것도 없어요. 그리고 필요한 거 있으면 가지러 오죠, 뭐."

하기야 범인 잡으러 가는 것도 아니고 참고인 조사 나가는데 같이 못 갈 것도 없지 하는 생각에, 어 형사는 요리를 데리고 밀가루 공장에서 2시간이나 걸리는 동네에 있다는 공장원의 집을 찾아 나섰다.

서울 한쪽 끝, 그것도 오르고 또 올라야 갈 수 있는 달동네. 아직까지 서울에 이런 곳이 남아 있나 싶을 정도로 허름한 곳이었다. 번지수도 제대로 없는 집이 대부분이라 묻고 또 물어 가파른 언덕길을 따라 한참을 올라가니, 산 중턱쯤 되는 곳에 공장원의 집이 있었다.

"계십니까? 계세요?"

어 형사가 부르자, 안에서 인기척이 들렸다. 심한 기침 소리에 섞여 들리는 가느다란 목소리.

"누, 누구세요?"

소리가 나는 방 쪽으로 가니, 할머니 한 분이 막 일어나고 계셨다.

"아유, 그냥 누워 계셔도 돼요."

"괜찮아요. 괜찮아요. 어서 들어와 앉아요."

겨우 두 명 정도가 누울 수 있는 초라한 방에는 신문지로 덮인 작은 밥상이 있었고, 그 옆에는 할머니가 드시는 듯한 약봉지가 놓여 있었다. 요리는 눈물이 울컥 솟았다. 가끔 텔레비전을 통해 보기는 했지만, 이렇게 힘들게 사시는 할머니를 뵙기는 처음이었다. 초라한 방과 할머니의 병색만으로도 얼마나 힘든 형편인지 한눈에 알 수 있었다.

"그런데 무슨 일로……?"

할머니가 낯선 사람의 방문에 잔뜩 걱정이 되시는 듯 물었다.

"아, 예. 할머니 손자, 장원이요. 장원이 좀 만나려고요."

"장원이? 우리 장원이 일 나갔는데……. 밀가루 공장. 거기 몰라요?"

할머니는 장원이가 회사를 그만둔 것을 아직 모르시는 듯했다. 그래서 어 형사는 얼른 둘러댔다.

"아, 예. 밀가루 공장이요. 맞다! 제가 깜빡했네요. 그쪽으로 가면 될 것을……. 할머니, 그럼 갈게요. 안녕히 계세요."

"그래. 거기로 가 봐요. 공장으로……."

할머니의 말을 뒤로하고 어 형사와 요리는 밖으로 나왔다. 그런데 어 형사가 방으로 다시 들어가더니, 할머니에게 돈 10만 원을 내밀었다.

"할머니, 장원이가요, 제가 제일 아끼는 후배거든요. 그래서 이거……. 맛있는 거 사 드세요."

"아유, 이, 이렇게 많은 돈을……."

할머니는 고마워서 어쩔 줄 몰라 하셨다. 할머니에게 인사하고 공장원의 집을 나오자, 어 형사와 요리는 한동안 아무 말도 할 수 없었다. 어 형사도 요리도 가슴이 꽉 막혀 오면서 자꾸 눈물이 났다.

공장원이 범인일까?

어 형사가 공장원을 만난 것은 해가 뉘엿뉘엿 질 무렵, 경찰서에서였다. 하루 종일 전화해도 안 받더니, 저녁때가 다 되어서야 남겨 놓은 메시지를 보고 전화를 건 것이다. 그러고는 아주 당황한 표정으로 경찰서로 뛰어 들어왔다. 나이는 열아홉쯤? 짧게 깎은 스포츠머리에 깡마른 체구, 허름한 옷차림. 낮에 본 할머니와 많이 닮은 모습이었다. 공장원은 공장에 불이 났다는 말을 듣자마자 사장의 안부부터 물었다.

"사, 사장님은 괜찮으세요? 다치지 않으셨어요?"

"화상을 약간 입긴 했는데, 크게 걱정할 정도는 아니야."

"휴! 다행이네요."

"그래. 그런데 왜 하루 종일 전화 안 받았니?"

"죄송해요. 일하느라……."

"일? 무슨 일?"

"공사장에서 벽돌 날라요. 벽돌 지고 높은 데 올라가야 되니까 휴대 전화가 울리면 신경 쓰여서요. 죄송해요. 여러 번 전화하셨는데……."

'참 예의 바른 아이구나!'

어 형사는 이 아이가 아니길 바랐다. 그러나 열 길 물속은 알아도 한

길 사람 속은 모르는 법. 어 형사는 어제 공장원의 알리바이를 물었다.

"어제 공장에서 불난 시각이 오후 6시 5분. 네가 30분 전쯤에 공장에 왔다 갔다고 하던데……."

"아, 예. 크리스마스고 해서 사장님께 인사나 하려고……."

"공장 그만두면서 월급도 제대로 못 받은 거 같은데, 무슨 인사?"

"그래도 인사는 해야죠. 잘해 주셨는데……. 그리고 사장님도 사정이 안 돼서 못 주신 거예요. 조금만 더 있으면 준다고 하셨어요."

그러니까 그의 말대로라면 공장원은 잘린 게 아니었다. 공장의 어려운 사정 때문에 월급을 받을 수 없게 되자, 아픈 할머니의 치료비를 벌기 위해 공사판에서 일을 하게 된 것이다. 그리고 월급을 못 받고 있는 것은 다른 직원들도 마찬가지이며, 사장님과 워낙 오래 일한 직원들이고 아직은 견딜 만해서 그냥 공장에 남아 있다고 했다.

"그나저나 공장에 불까지 났으니, 우리 사장님 이제 어떡해요?"

오히려 공장원은 자신보다 사장을 더 걱정하고 있었다.

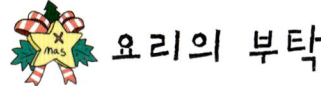 요리의 부탁

학교로 돌아온 요리는 오후 내내 마음이 무거웠다. 그래서 어제 일은 까마득히 잊어버린 듯 짐 싸느라 바쁜 아이들을 불러 모았다. 그러고는 낮에 어 형사와 같이 갔던 공장원의 집과 할머니에 대해 이야기했다.

요리는 말하는 사이 또다시 눈물이 나올 것만 같았다. 요리의 마음을 아는지 달곰이가 요리를 위로했다. 사실 어린이 형사 학교에 들어오기 전, 달곰이도 공장원의 처지와 크게 다르지 않았던 것이다. 그러나 혜성이와 영재는 그게 무슨 상관이냐는 듯 요리를 쳐다보았다.

"그래서 결론은 뭐야? 공장원은 범인이 아니라는 거야?"

혜성이의 시큰둥한 반응에 요리는 실망했다. 혜성이를 좋아하기에 가끔씩 내뱉는 혜성이의 차가운 말투가 요리에게는 더 큰 상처가 되었다. 하지만 요리는 티 내고 싶지 않아서, 최대한 기분 나쁘지 않은 척했다.

"그런 건 아니고 지금 상황에선 공장원이 가장 유력한 용의자래. 그러니까 공장원이 범인이 아니라는 증거가 필요해."

"그걸 어떻게 찾지? 내일이면 우리 다 집에 가는데……."

영재가 곤란하다는 듯 말했다.

"맞다. 달곰이 너도 내일 지리산 내려가지?"

달곰이는 요리의 말에 얼른 손을 내저으며 말했다.

"아니야, 누나. 나 좀 더 있다 내려갈 거야."

"왜? 할머니 보고 싶다며. 내일 내려가는 거 아니었어?"

"어. 생각해 보니까 내려가기 전에 컴퓨터 공부 좀 더 하고 가야 될 것 같아서. 나 컴퓨터 잘 못하잖아."

달곰이는 어떻게든 요리를 도와주고 싶었다. 기다리고 계실 할머니를 생각하면 마음이 아프지만, 그래도 그동안 친누나처럼 잘해 준 요리의 부탁을 거절할 수는 없었다.

"그래? 그럼 잘됐다. 우리 내일 그 공장에 한 번 더 가 보고, 사장님이 입원하신 병원에도 가 보자."

"응. 좋아."

그러자 혜성이와 영재도 미안했는지 한마디씩 했다.

"그럼 내일은 둘이서 가 보고, 혹시 내 도움이 필요하면 바로 전화해."

"나한테도 전화해. 언제든 달려갈게."

"그래. 고마워."

그래도 도와주겠다고 하니, 요리는 고마운 마음이 들었다.

이상한 정 사장

다음 날, 방학식을 마치자마자 요리와 달곰이는 어 형사와 함께 공장으로 갔다. 그러나 이미 폐허가 된 공장 어디에서도 단서는 찾을 수 없었다. 할 수 없이 셋은 공장 사장이 입원해 있는 병원으로 향했다.

정다식 사장. 나이는 마흔일곱. 밀가루 공장을 물려받아 25년 넘게 운영해 왔으나, 최근 심각한 자금난으로 부도 위기에 처함. 직원들의 월급도 벌써 석 달째 주지 못하고 있는 처지.

정 사장은 생각보다 훨씬 건강한 모습이었다. 어 형사와 아이들이 도착했을 때에는 마침 직원들이 병문안을 와 있었다.

그들은 셋이 들어가자 모두 가야 할 시간이라며 얼른 자리를 비켜 주었다. 그렇게 직원들이 나가자, 어 형사는 정 사장에게 물었다.

"그날 불이 나기 30분 전쯤 공장원이 공장에 왔다고 하던데요?"

정 사장은 갑자기 당황하는 듯하더니, 오히려 어 형사에게 물었다.

"혹시 장원이가 용의자로 지목되고 있나요?"

"아, 아니요. 단순 화재라고 하기에는 너무 크고 연속적인 폭발이 일어나서 혹시 계획적인 범행이 아닐까 추정하고만 있습니다."

그러자 정 사장은 잠시 심각하게 생각하는 듯하더니 단호하게 말했다.

"장원이는 이번 화재와는 아무런 관련이 없습니다. 그냥 단순 화재입니다. 갑자기 불꽃이 팍 튀더니, 연속해서 폭발이 일어났어요. 장원이는 폭발이 일어나기 10분 전쯤 돌아갔고요."

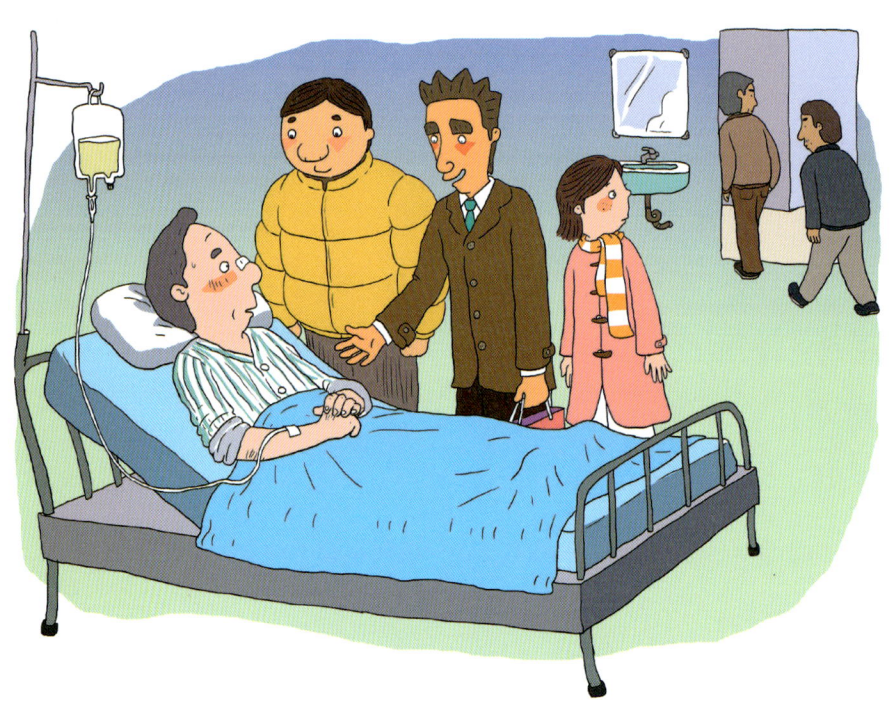

참 이상했다. 불이 나서 공장이 다 타 버렸는데, 사장이 오히려 용의자를 감싼다? 어 형사는 뭔가 숨겨진 이유가 있다는 생각이 들었다. 그건 요리와 달곰이도 마찬가지였다. 어 형사는 다른 각도에서 사장과 주변 인물을 조사해야겠다고 생각하고 일단 병실을 나왔다. 그런데 엘리베이터를 타려고 복도를 돌아가자, 아까 병실에서 봤던 직원들의 모습이 보였다. 요리가 얼른 나서며 말했다.

"제가 가 볼게요."

요리는 잽싸게 사람들이 서 있는 뒤쪽 벽에 몸을 붙였다.

"그럼 그걸 언제 받는다는 말씀이야?"

"금방은 아니더라도 일주일 정도면 나오겠지."

"다행이다. 정말 다행이야. 그런데 우리 사장님, 정말 괜찮으시겠지?"

"나도 걱정 많이 했는데, 와서 보니까 안심이 돼. 1도 화상이라니까 잘 치료하면 금방 괜찮아진대."

"그나저나 화상도 화상이지만 이번 일로 폐가 더 나빠질까 걱정이야. 유독 가스도 좀 마셨다고 하잖아."

"그것도 심각하지는 않은가 봐. 그보다 사장님은 담배 끊는 게 더 문제지."

"맞아, 맞아. 요 며칠 전부터 다시 피시더라고."

> **화상의 정도는?**
>
> '화상'이란 뜨거운 열에 의해 피부가 손상되는 현상을 말해. 피부는 표피, 진피, 피하 조직으로 구성되어 있어. 이 중 어디까지 손상됐느냐에 따라 화상의 정도가 결정되지. 표피만 손상되어 붉고 예민해지는 정도면 1도 화상, 진피의 일부까지 손상되어 물집이 생기면 2도 화상, 피하 조직까지 손상되어 피부가 희거나 붉거나 검게 타며 감각을 느끼지 못하면 3도 화상이라고 해.

"그야 회사 때문에 속상해서 그러시겠지."

"그래도 다행이야. 다 타서 없어진 게 아깝긴 하지만 그래도 이제 다시 시작하면 되니까 말이야."

"그래. 맞아, 맞아."

그러고는 그중 한 사람의 아내가 아이를 가졌다는 이야기로 화제를 돌렸다. 요리는 그들이 한 말을 곱씹어 보았다.

'다시 시작한다? 뭘 다시 시작한단 말이지?'

 화재의 원인은?

요리는 집으로 돌아왔다. 가족들이 반겨 주었지만 요리의 마음은 어지러웠다. 자기 방에 들어온 다음에도 요리는 자꾸 이상한 생각이 들었다. 공장에 불이 났는데도 별로 속상해하는 것 같지 않는 사장이나 직원들. '이제 다시 시작하면 된다.'는 말.

'다시 시작한다? 다시 시작한다? 부도 위기였다면서 무슨 돈으로?'

그렇게 자꾸 생각에 생각을 발전시키자 갑자기 번뜩 스치는 생각.

'그래, 돈! 바로 돈이야, 보험금! 그럼 아까 일주일이면 나온다는 말이 바로

'보험금? 그렇다면 혹시 보험금을 타기 위해 일부러 지른 불?'

그렇다. 그냥 난 불이 아니라 폭발과 함께 일어난 불. 그러나 문제는 사장이 바로 그 현장에 있었고, 피해자라는 사실이었다.

'의심을 피하기 위해 일부러 피해자가 된 것이라면?'

돈이 절실하게 필요했던 사장이 극단적인 방법으로 보험금을 노리고 자신의 공장을 태워 버렸다! 말이 되는 추리였다.

그러나 불탄 공장에서는 폭발을 일으킬 만한 어떤 증거물도 없었다.

'어떻게 불을 냈는지만 확인할 수 있으면 좋을 텐데…….'

그때 요리의 머릿속에 번쩍 떠오르는 장면이 있었다. 크리스마스 파티를 준비할 때 밀가루를 체에 치면서 달곰이가 물었었다.

"왜 밀가루를 체로 치는 거야?"

그때 요리는 이렇게 대답했었다.

"밀가루를 체로 치면 밀가루 입자 사이사이에 공기가 들어가게 되거든. 그 상태로 빵을 만들면 빵이 더 잘 부풀어……."

또 아까 직원들이 주고받던 말도 생각났다.

"그보다 사장님은 담배 끊는 게 더 문제지."

"맞아, 맞아. 요 며칠 전부터 다시 피시더라고."

'가만, 그럼 혹시?'

요리는 재빨리 컴퓨터를 켜고 검색을 시작했다. 얼마 전 우연히 텔레비전 프로그램에서 '분유도 폭발한다.'는 내용을 본 게 생각난 것이다.

분유가 폭발하다니! 정말 신기하고 무서운 생각이 들었는데…….

다행히 프로그램 다시 보기로 그 방송분을 볼 수 있었다. 실험실에 안전 장치를 한 상태에서 분유 가루를 날린 다음 전기 스파크를 흘려보내자, 순간 펑! 엄청난 폭발이 일어났다.

'그렇다면, 밀가루도? 그래, 당연히 가능하지. 밀가루도 가룬데!'

요리는 벌떡 일어났다. 그리고 한걸음에 학교로 달려갔다.

"알았어요. 원인을 알았어요."

마침 달곰이에게 컴퓨터를 가르쳐 주던 어 형사는 갑작스럽게 뛰어 들어오는 요리를 보고 깜짝 놀랐다.

"알다니? 뭘?"

"분진 폭발이에요. 분진 폭발!"

"분진 폭발이라니?"

"화재의 원인은 바로 분진 폭발이에요. 생각해 보세요. 밀가루 공장에서 난 화재예요. 밀가루 공장에는 아주 고운 밀가루 먼지가 잔뜩 떠 있잖아요. 게다가 최근 정 사장님이 다시 담배를 피우기 시작했다는 것이 이상하지 않아요? 화재 원인은 바로 분진 폭발이에요."

달곰이와 어 형사는 통 알아들을 수가 없었다. 밀가루는 뭐고, 담배는 또 뭔가? 그리고 분진 폭발이라니?

"분진 폭발이 뭔데?"

달곰이가 묻자 요리는 차근차근 설명하기 시작했다.

"분진, 즉 가루 먼지가 폭발을 일으키는 거야. 밀가루나 분유 같은 가루에 그냥 불을 붙이면 잘 안 붙지만, 가루가 공기 중으로 흩어져 공기와 닿아 있으면 아주 작은 불씨로도 큰 폭발을 일으킬 수 있어. 그러니까 그걸 잘 알고 있던 정 사장님이 일부러 밀가루가 잔뜩 떠 있는 공장 안으로 담뱃불을 집어넣어 폭발하도록 한 거야. 틀림없어!"

어 형사가 듣기에도 말이 되는 소리였다. 어 형사도 정 사장이 이상하다고 생각하고 있었던 것이다.

"좋아. 내가 마침 수사 본부에 정 사장의 보험 계약 내용이랑 은행 거래 실적을 조사해 놓으라고 했으니, 어떻게 됐는지 알아보자. 만약 화재 보험을 들어 놨다면 네 추리는 훨씬 신빙성이 있는 거지."

어 형사는 수사본부에 전화를 걸었다. 그리고 정 사장이 두 달 전, 보험 회사 세 곳에 10억씩 화재 보험을 들었다는 것을 알아냈다.

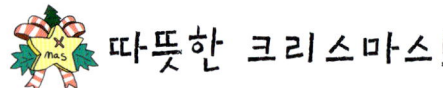
따뜻한 크리스마스!

"죽을죄를 지었습니다. 하지만 이 방법밖에는 없었어요."

어 형사가 보험 계약 자료를 내밀고 분진 폭발에 대해 이야기하자 정 사장은 결국 범행을 자백했다. 요리가 추리한 대로 정 사장은 회사가 부도 위기에 처하고 직원들의 월급을 몇 달씩 주지 못하게 되자, 극단적인 결심을 하게 되었다. 화재 보험을 들고 회사에 불을 내서 보험금이라도 타기로 한 것이다. 그래서 보험 회사로부터 의심을 받을 것을 대비해 일부러 자신이 다치는 위험까지 감수한 것이다.

정 사장의 범행이 알려지자, 직원들과 공장원까지 경찰서로 몰려와 선처를 부탁했다. 다 자기들 때문에 그런 거라고. 평소 직원들을 가족같이 대해 주던 정 사장은 회사가 위기에 처한 것을 자신의 무능함 때문이라고 생각하며 늘 미안하다는 말을 했다고 한다.

어 형사는 이런 사정을 고려하면 정 사장에 대한 처벌이 좀 가벼워질 거라고 했다. 그리고 다행히도 한 대형 밀가루 공장에서 직원 모두를 정식 직원으로 채용하겠다는 소식을 전해 왔다. 아직까지 세상은 서로 아끼고 사랑하는 사람들이 살아가는 참 따뜻한 곳이었다.

크리스마스 저녁, 아이들은 다시 모였다. 사건의 전말을 듣고 모두 함께 공장원의 집에 가기로 한 것이다. 요리와 달곰이는 함께 만든 케이크를 준비하고, 영재는 아빠와 함께 조립해 만든 텔레비전을, 혜성이는 자기 저금통을 털어 할머니를 위한 따뜻한 스웨터를 준비했다.

함께 하는 크리스마스. 아이들에게 올해 크리스마스는 세상에서 가장 따뜻한 크리스마스가 되었다.

요리가 들려주는 사건 해결의 열쇠

크리스마스 파티 날, 밀가루 공장에서 일어난 폭발 사건을 해결하는 사건 해결의 열쇠는 일단 '불의 성질'에 대해서 잘 아는 거야. 불의 성질 중 가장 기본적인 것은 '연소'야.

💡 연소란?

'연소'란 물질이 빛과 열을 내면서 타는 현상이야. 대부분은 물질이 산소와 빠르게 결합해 불꽃을 내며 타는 현상을 말하지. 인류의 발전이 '불의 발견'에서 시작되었다고 할 정도로 연소는 우리 생활에서 없어서는 안 될 아주 중요한 현상이야. 일단 음식을 만들 때 불을 피워야 하지? 촛불을 켜서 어둠을 밝히는 것, 용접기의 뜨거운 열로 철판을 자르거나 붙이는 것, 연료를 태워서 로켓을 발사하는 것 등이 연소를 이용한 예지.

〈연소의 예〉

💡 연소의 조건

그러나 연소가 그냥 일어나는 것은 아니야. 연소가 일어나는 조건에는 세 가지가 있어. '탈 물질', '공기(산소)', '발화점 이상으로 온도를 높이는 것'이야. 가스 밸브를 열어 가스를 공급하는 것이나 모닥불에 장작을 더 넣는 것은 탈 물질을 공급하는 거야. 불에 부채를 부쳐 주는 것은 산소를 공급해 주는 거지. 성냥의 머리를 성냥갑의 거칠거칠한 부분에 문질러 불을 붙이는 것은 발화점보다 온도를 높이는 거야.

탈 물질 공급　　　　　공기 공급　　　　발화점보다 온도 높이기

〈연소의 조건〉

💡 발화점

여기서 잘 듣지 못하던 단어가 나왔지? 발화점. 발화점이란 뭘까? '발화점'이란 어떤 물질이 연소할 수 있는 가장 낮은 온도를 말해. '착화점' 또는 '자연 발화 온도'라고도 해. 발화점이 높은 물질은 불이 잘 붙지 않고, 발화점이 낮은 물질은 불이 쉽게 붙지.

성냥을 머리 부분과 나무 부분으로 나누어 철판 위에 놓고 철판을 가열하면, 머리 부분에 불이 더 빨리 붙어. 성냥의 나무 부분보다 머리 부분의 발화점이 더 낮기 때문이야. 그래서 성냥은 머리 부분을 이용해 불을 붙이지.

발화점은 물질에 따라 다르기 때문에 물질을 구별하는 방법 중 하나로 쓰여. 여러 가지 물질의 발화점을 정리해 보았어.

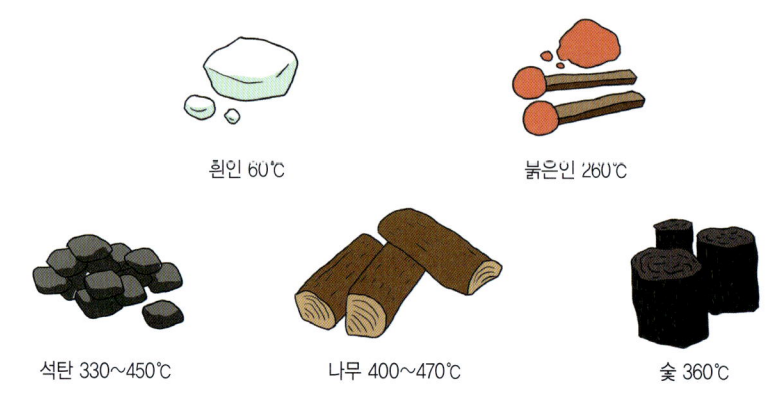

〈여러 가지 물질의 발화점〉

💡 소화의 조건

'연소'의 반대말은 '소화'야. 불을 끄는 것을 말하지. 그러니까 '연소의 조건'을 반대로 하면 바로 '소화의 조건', 즉 불이 꺼지는 조건이 돼. 방법은 간단해. 연소의 조건을 없애는 거야. 가스 밸브를 잠가 가스 공급을 막든지

〈소화의 조건〉

장작을 빼든지 해서 '탈 물질'을 제거하거나, 이불이나 옷을 불 위에 덮어서 '공기'를 차단하는 것, 마지막으로 차가운 물을 뿌려 발화점 미만으로 온도를 낮추는 것 등이 있지.

💡 분진 폭발

그럼 여기서 사건의 원인이 된 분진 폭발이란 뭔지 알아볼까? 예를 들어 밀가루의 성분을 분석해 보면 전분 75%, 수분 10%, 단백질 10%, 회분 0.4%, 기타 4.6%로 아무리 살펴봐도 폭발을 일으킬 만한 것이 없지. 실제로 밀가루에 직접 불을 붙이면 절대 폭발하지 않아.

그런데 밀가루가 가루 먼지 형태로 떠 있게 되면 공기와 닿는 표면적이 매우 넓어져. 이런 경우에는 밀가루 한 숟가락 분량의 전체 표면적이 축구장의 3.7배 정도나 된다고 해. 대단하지? 이는 그만큼 엄청난 양의 산소와 쉽게, 빨리 닿는다는 것을 뜻해. 그래서 약간의 불꽃만으로도 큰 폭발을 일으키게 되는 거야.

> 녹말가루나 분유도 폭발할 수 있어!

그러니까 생각해 봐. 밀가루 공장에는 밀가루를 만드는 과정에서 공기 중으로 날아간 가루가 엄청나게 많겠지? 그 가루가 공장 안에 가득 차서 산소와 결합해서 떠 있다가 담뱃불을 만났으니, 급속히 타들어 가면서 마치 화약처럼 폭발을 일으키게 된 거지. 어때, 이젠 알겠지?

■ 핵심 과학 원리 - 별자리

사건 3

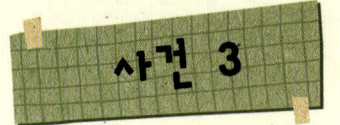

잃어버린 길을 찾아서

"아저씨, 어디 가시는 거예요? 네?"

그러자 남자는 주위를 둘러보더니, 씨익 웃으며 말했다.

"이제 다 왔어. 걱정 마."

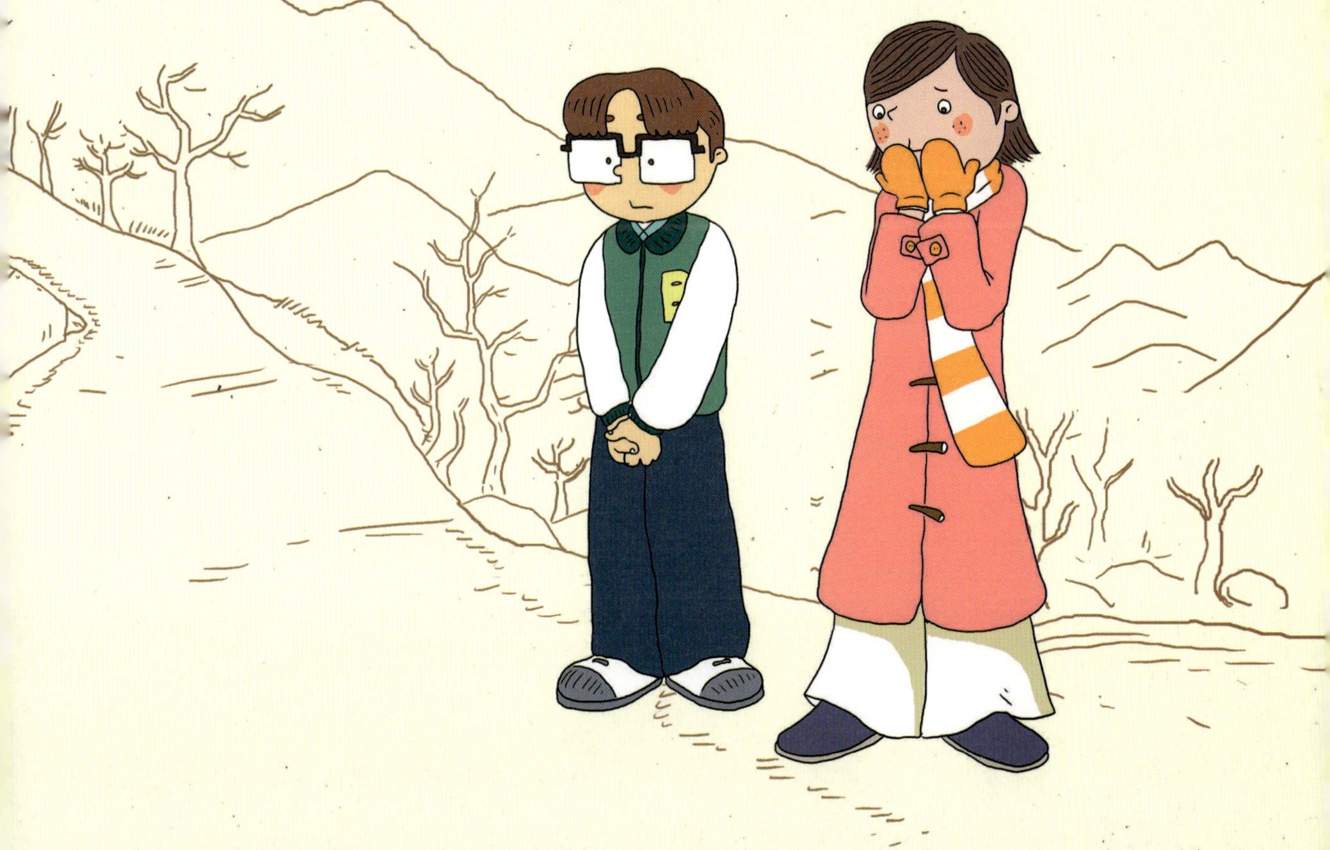

겨울 캠프를 떠나다!

어느덧 겨울 방학이 시작된 지 한 달 남짓한 시간이 지나고 드디어 '겨울 캠프'를 가는 날이 되었다. 방학 내내 혼자 정말 무료한 시간을 보내던 혜성이는 며칠 전부터 이날을 기다리고 또 기다려 왔다.

'어디로 갈까? 콘도? 스키장? 그럼 스키를 가져가야 되나?'

혼자 괜히 신 나 잠까지 설쳤는데, 아무리 물어봐도 박 교장은 물론 수다쟁이 어 형사도 어디로 가는지 절대 가르쳐 주지 않았다.

겨울 캠프 출발 시간은 오전 7시. 좀 이른 시간이긴 했지만 혜성이는 20분 전에 이미 학교에 도착했다. 그런데 박 교장과 어 형사가 벌써 기다리고 있었다. 어 형사는 혜성이를 보자 역시 수선스럽게 인사를 했다.

"어머나, 우리 잘생긴 혜성이! 잘 있었어? 형 보고 싶었지? 형도 보고 싶었어, 헤헤헤."

"네. 안녕하셨어요?"

혜성이가 인사를 마치자 어 형사는 또다시 수선을 떨기 시작했다.

"어머나, 우리 예쁜 요리! 왔구나, 왔어! 헤헤헤."

방학 동안 전화 통화는 몇 번 했지만 오랜만에 만나는 혜성이. 요리는 괜히 가슴이 쿵쾅쿵쾅 뛰어서 제대로 인사도 못하고 말았다. 곧이어 영재가 도착하고, 어수선하고 시끌벅적한 오랜만의 만남이 끝나자 모두 차에 올랐다. 그런데 바로 그때, 요리가 말했다.

"어, 잠깐만요. 아직 달곰이가 안 왔어요."

그제야 달곰이가 없는 걸 안 영재와 혜성이. 박 교장이 말했다.

"걱정 마. 달곰이는 거기로 바로 오기로 했으니까."

"아, 네. 그런데 거기가 어딘데요?"

그러자 어 형사가 대답했다.

"그건 비밀♬, 하하하. 알고 가면 재미없잖아! 자, 출발!"

지리산에 가다

차는 고속도로를 힘차게 달렸다. 한참을 달리다가 휴게소 한 번 들르고, 차는 달리고 또 달렸다. 어느새 잠이 들어 버린 아이들. 마을 입구로 들어서며 어 형사가 깨우기 전까지는 차가 어디로 가는지도 몰랐다.

"일어나세요, 다 왔어요! 기상, 기상!"

아이들이 깜짝 놀라 일어나며 물었다.

"여기가 어디예요?"

"어디긴 어디야. 지리산이지."

"네, 지리산이요?"

모두 깜짝 놀랐다. 벌써 지리산까지 내려왔다니! 그럼 여기가 바로 겨울 캠프 장소? 순간, 요리는 아까 박 교장이 한 말이 생각났다.

"아, 그래서 달곰이는 거기로 바로 온다고 하셨구나!"

"오우! 우리 센스쟁이 요리♬, 하하하."

혜성이는 솔직히 기가 막혔다. 그렇게 기다리고 기다리던 캠프였는데, 스키장도 아니고, 콘도도 아니고, 지리산 산골이라니!

'휴, 이런 산간 오지에서 뭘 한다는 거야. 침대도 없을 거 아냐!'

그러나 요리는 소리를 지르고 난리가 났다.

"와, 신 난다! 달곰이 말 듣고 꼭 와 보고 싶었는데. 정말 짱이에요!"

"그렇지? 그렇지? 여기 이장님 댁 김치찌개 진짜 짱이다! 방바닥도 뜨끈뜨끈, 찜질방이 따로 없다니까. 하하하."

그때였다. 영재가 소리쳤다.

"어, 달곰이다. 달곰이!"

그렇게 아이들은 한 달 만에 다시 만났다. 그리고 '어린이 과학 형사대 CSI', 그들이 평생 잊지 못할 겨울 캠프가 시작되었다.

달곰이와 함께 동네로 들어서자 온 동네는 이미 잔치 분위기. 달곰이의 친구들과 함께 지난번 살인 사건을 해결해 준 박 교장과 어 형사가 온다는 말에 동네 사람들이 모두 이장의 집으로 몰려든 것이다. 동네 사람들은 일일이 아이들과 박 교장, 어 형사의 손을 잡으며 달곰이에게 잘해 주어서 고맙다고 인사했다. 달곰이의 할머니는 박 교장의 손을 잡고 놓을 줄 몰랐다. 시끌벅적한 환영 인사가 끝나고 드디어 늦은 점심을 먹게 되었다. 그런데 이게 웬일인가! 완전 잔칫상이었다.

"아니, 뭘 이렇게 많이 준비하셨어요?"

박 교장이 묻자 이장은 손을 내저으며 말했다.

"아유, 아니에요. 우리 달곰이 잘 봐 주셔서 감사하다고 동네 사람들이 하나 둘씩 만들어 온 거예요. 부담 갖지 마시고 맛있게 드세요."

혜성이는 달곰이를 쳐다봤다. 영 싱겁고 덩치만 큰 달곰이.

'녀석! 그래도 시골에선 인기 좋은가 보네.'

혜성이는 달곰이가 조금 부러웠다. 엄마 아빠도 없이 할머니랑 산다는 얘기를 듣고 솔직히 불쌍하기도 했는데, 지금 보니 오히려 자기보다 더 많은 사랑을 받고 사는 듯 보였기 때문이다. 모두 배고프던 참에 밥을 두 그릇씩 뚝딱 비워 버렸다. 모두 배가 불러 움직이지도 못할 지경이 되었는데, 박 교장은 점심상을 물리자마자 벌떡 일어났다.

"가지, 어 형사!"

"헥! 버, 벌써요?"

"그래. 빨리 갔다 와야지. 산골이라 금방 어두워지잖아."

"아이고~, 네!"

어 형사가 무거운 몸을 일으키며 대답했다. 요리가 물었다.

"어디 가시는데요?"

"읍내 경찰서에 잠깐 들르려고. 지난번 사건을 같이 해결했으니까 인사라도 해야지. 너희는 꼼짝 말고 놀고 있어. 안 놀면 혼난다, 헤헤헤. 내일부턴 엄청 고된 훈련이 있을 거니까, 기대하시라! 하하하."

박 교장과 어 형사가 나가자, 요리도 벌떡 일어나며 말했다.

"그럼, 우리도 나가자."

"어딜?"

"아이 참, 여기까지 왔는데 가만히 있을 순 없지. 달곰아, 뭐 재밌는 거 없어? 우리 재밌는 거 하고 놀자."

"있지. 썰매 타기."

"썰매?"

 ## 이상한 남자

산 바로 밑 공터에는 물을 대어 얼린 진짜 시골스러운 썰매장이 있었다. 아이들은 달곰이가 빌려 온 썰매를 타고 동네 아이들과 한참을 놀았다. 혜성이도 어느새 기분이 풀려 잘 어울려 놀았다. 빵빵했던 배도 금방 홀쭉해졌다. 아이들은 그만 마을로 가서 감자를 구워 먹기로 했다. 그때였다. 산 쪽에서 한 남자가 급하게 뛰어오며 아이들을 불렀다.

"애들아, 도와줘, 나 좀 도와줘."

남자의 다급한 목소리에 요리가 물었다.

"왜요? 무슨 일이신데요?"

> **썰매는 왜 얼음 위에서 잘 미끄러질까?**
>
> 썰매의 날카로운 날에 사람의 몸무게가 실리면 그 누르는 압력 때문에 썰매 날과 닿은 얼음이 순간적으로 녹게 돼. 그러면 썰매 날과 얼음판 사이에 물기가 생기겠지? 그 물이 썰매 날과 얼음판 사이의 윤활유 역할을 해 주니까 슝슝! 잘 미끄러지는 거야. 물론 스케이트도 마찬가지겠지?

"내, 내 친구가 다쳤어. 친구가 다쳤다고!"

잔뜩 걱정스런 표정으로 황급히 말하는 남자의 차림을 보니, 등산복에 여기저기 흙이 묻어 있고 찢어지기도 한 것이 정말 산에서 헤맨 듯했다.

"친구랑 산에 올라갔는데 친구가 발을 헛디뎌서 절벽에서 굴렀어."

"많이 다쳤어요?"

달곰이가 걱정되어 물었다.

"어. 다리가 부러진 것 같아. 그래서 내가 업고 내려오다가 도저히 안 되겠다 싶어서 도움을 청하러 내려온 거야."

그러자 달곰이가 얼른 나서며 말했다.

"알았어요. 제가 도와 드릴게요."

"정말? 고, 고마워."

남자는 반색하며 말했다. 그러고는 아이들에게도 말하는 것이었다.

"너희들도 같이 좀 도와주라. 내 친구가 워낙 무게가 나가서 말이야."

사실 아이들도 달곰이를 혼자 보내는 것이 영 꺼림칙했다. 아무리 달곰이의 동네이긴 하지만 이제 곧 날도 어두워질 텐데 달곰이만 낯선 남자와 산에 올려 보낼 수는 없는 일이었다.

"그럼 나도 갈게. 같이 가자."

"나도."

"나도 갈게."

결국 아이들은 그 남자를 따라 산으로 올라갔다.

갈림길에서 갈라지다

아이들은 남자를 따라 산길을 한참 올라갔다. 그렇게 한 20분쯤 올라가자 갈림길이 나타났다. 그런데 남자가 고개를 갸우뚱했다.

"어, 이상하다! 이쪽인가? 이쪽인가?"

"왜요? 어딘지 모르시겠어요?"

달곰이가 물었다. 그러자 남자는 울상을 지으며 말했다.

"어. 잘 모르겠어. 어느 쪽으로 내려왔더라? 이쪽인가?"

남자는 아무래도 잘 모르겠다는 표정이었다.

"주변에 뭐 눈에 띌 만한 거 없었어요?"

이번엔 혜성이가 물었다.

"글쎄……. 큰 바위가 하나 있었던 거 같긴 한데……. 아, 그리고 아주 큰 나무도 하나 있었어."

이런! 산에 큰 바위, 큰 나무가 한두 개도 아니고 이제 와서 길을 모르겠다니, 어쩐단 말인가!

"안 되겠다. 갈라져서 찾아보자. 내가 내려오는 데 30분쯤 걸렸으니까 앞으로 10분쯤 더 가 보고, 그래도 없으면 다시 여기서 만나자."

남자의 제안에 아이들도 그러자고 했다. 이제 곧 날이 어두워질 텐데 아무래도 빨리 남자의 일행을 찾아서 내려가야 할 것 같았기 때문이다. 남자는 혜성이를 잡아끌며 말했다.

"혜성아, 네가 나랑 같이 이쪽으로 가 보자."

그러자 달곰이가 말했다.

"제가 같이 갈게요."

그러자 남자는 안 된다는 듯 얼른 손을 내저으며 말했다.

"길 아는 애가 너밖에 없잖니. 그러니까 네가 친구들 데리고 그쪽 길로 가고 난 혜성이랑 이 길로 갈게."

아이들 생각에도 그게 나을 것 같았다. 그래서 아이들은 그렇게 하기로 하고 갈림길에서 갈라졌다. 남자와 혜성이는 오른쪽 길로, 달곰이, 요리, 영재는 왼쪽 길로.

아이들을 찾아 나서다

　한편, 경찰서에서 돌아온 박 교장과 어 형사는 아이들이 낯선 남자를 따라 산으로 올라갔다는 동네 아이들의 말을 듣고 가슴이 철렁 내려앉았다. 경찰서에서 돌아오는 길에 학교에 처리할 문제가 있어 전화를 걸었더니, 교무 부장 말이 학교로 전화가 한 통 걸려 와 박 교장 친구라면서 박 교장이 어디로 겨울 캠프를 떠났냐고 자꾸 묻더라는 것이다. 전화 통화가 안 된다면서……. 그래서 할 수 없이 장소와 이장 집 전화번호를 가르쳐 주었는데, 영 개운치 않은 생각이 들더라는 것이다.

　그 얘기를 듣자 박 교장은 이상한 느낌이 들었다. 뭔가 심상치 않은 일이 일어날 것 같은 예감. 그래서 서둘러 숙소로 돌아왔는데, 아이들이 벌써 산으로 올라갔다니, 이를 어쩐단 말인가!

　"어 형사, 빨리 경찰에 연락해서 수색대 보내라고 해. 빨리!"

　"네!"

　그리고 나서 박 교장과 어 형사는 아이들이 올라갔다는 산길을 따라 올라가기 시작했다. 이미 해가 져서 어둑어둑한 시간. 순식간에 깜깜해질 텐데, 그전에 아이들을 찾아야 한다는 생각에 박 교장과 어 형사는 가슴이 쿵쾅쿵쾅 뛰고 다리가 덜덜덜 떨렸다.

　"쌤! 어떡하면 좋아요? 이제 곧 깜깜해질 텐데……. 어떡해요?"

　"빨리 찾아야지. 다행히 달곰이가 같이 갔으니까 괜찮을 거야."

"아, 맞다. 달곰이! 달곰이는 산길을 잘 알겠죠?"

"그렇겠지. 괜찮을 거야."

두 사람은 스스로를 위로하며 발걸음을 재촉했다. 날은 점점 저물고 있었다. 그때였다. 위쪽에서 아이들의 목소리와 발소리가 들렸다.

"쌤! 이 소리, 소리 들리지 않으세요?"

"소리?"

"네! 달곰아, 요리야!"

어 형사가 이름을 부르자, 반가운 아이들의 목소리가 들렸다.

"네! 여기 있어요. 여기요."

어 형사의 목소리를 듣고 아이들이 뛰어 내려왔다. 요리와 영재였다.

"아유, 어디 갔었어? 너희끼리 산에 가면 어떡해. 깜짝 놀랐잖아!"

그러자 요리가 다급한 목소리로 말했다.

"큰일 났어요. 혜성이가 없어졌어요."

"뭐, 혜성이가?"

"네. 아까 친구가 조난을 당했다고 어떤 아저씨가 도와 달라고 해서 따라 올라갔거든요. 그런데 갈림길이 나오자 아저씨가 길을 잘 모르겠다고 혜성이만 데리고 오른쪽 길로 갔어요. 시간 없으니까 갈라져서 찾아보자고. 그런데 생각해 보니까 좀 이상한 거예요."

요리가 말하자 영재가 얼른 덧붙였다.

"그래서 달곰이가 바로 그 길로 뒤따라가고, 저희는 교장 선생님과 어 형사님께 알리려고 내려온 거예요."

"그래, 남자가 혜성이만 데리고 갔다고?"

박 교장이 놀라서 물었다. 그러자 요리가 말했다.

"네. 그런데 생각해 보니까 저희는 혜성이 이름을 한 번도 부른 적이 없는데 그 아저씨가 혜성이의 이름을 알고 있었어요!"

박 교장은 식은땀이 흘렀다. 뭔가 일이 벌어진 것임에 틀림없다.

'그렇다면 계획적인 유괴?'

박 교장은 얼른 어 형사에게 말했다.

"어 형사, 아이들 밑으로 데려다 주고 경찰이랑 같이 올라와."

"네! 조심하세요."

그러고는 뛰어서 산으로 올라가는 박 교장. 요리는 혜성이와 달곰이에게 무슨 일이 일어날 것만 같아 무서웠다. 그래서 자꾸 눈물이 났다.

계획적인 복수

한편, 혜성이는 남자를 따라서 산길을 올라가고 있었다.

"이 길 맞아요?"

혜성이가 묻자 남자는 퉁명스럽게 대답했다.

"어, 맞아. 이 길이야."

"그럼 얼른 제 친구들도 데리고 가요. 아직 얼마 못 올라갔을 거예요."

그러자 남자는 혜성이의 손을 잡아끌며 말했다.

"그럴 시간 없어. 빨리 와."

순간, 혜성이는 좀 이상하다는 생각이 들었다. 아이들과 헤어지자마자 남자의 표정은 쌀쌀맞게 바뀌었다. 그리고 지금 혜성이를 잡은 손도 힘이 잔뜩 들어간 것이 마치 혜성이를 도망가지 못하게 잡아끄는 느낌이랄까? 남자는 혜성이를 끌고 점점 더 으슥한 산길로 올라가고 있었다.

"아저씨, 어디 가시는 거예요? 네?"

그러자 남자는 주위를 둘러보더니, 씨익 웃으며 말했다.

"이제 다 왔어. 걱정 마."

정말 기분 나쁜 웃음이었다. 혜성이는 머리가 쭈뼛 서는 느낌이 들었다. 분명 심상치 않은 일이 벌어질 것만 같았다. 그런데 바로 그때, 풀숲에서 사람들의 발자국 소리가 나더니 남자 넷이 몰려나왔다.

"왔구나! 우리 혜성이가 왔구나!"

한눈에 보기에도 조폭이었다. 혜성이는 순간 눈앞이 깜깜해졌다. 유괴! 유괴를 당한 것이다.

"아, 기다리고 기다리던 우리의 혜성이! 보고 싶었어잉~."

남자들은 혜성이의 주위를 뱅뱅 돌며 이죽거리기 시작했다.

"그래. 괜히 똑똑한 척했다가 큰 코 다치게 됐지 뭐야."

혜성이는 정신을 가다듬어야 한다고 생각했다. 호랑이 굴에 들어가도 정신만 차리면 산다는 속담이 있지 않은가!

"누, 누구세요? 아저씨들 누구세요?"

"하하하! 우리가 누군지 궁금해? 그럼 가르쳐 드려야지. 우리가 누구냐! 바로 의리의 사나이, 설록파 형님들이지~."

그제야 혜성이는 남자들의 정체를 알아차렸다. 이 남자들은 류팡의 부하들. 지난번 왕재벌의 다이아몬드 도난 사건을 혜성이가 해결한 것을 알고는 복수하기 위해 철저히 계획적으로 혜성이를 데려온 것이다. 혜성이는 온몸이 덜덜덜 떨렸다. 그러나 이를 꽉 깨물고 힘을 내 말했다.

"그래서 복수를 하겠다는 거예요? 참 야비하군요. 죄를 지었으면 당연히 벌을 받아야죠."

"뭐라고? 하하하! 이 꼬마가 아직도 상황 파악이 안 되나 보네."

"그러게 말이야. 어디 상황 파악 좀 하게 해 줄까?"

그들은 마치 때리기라도 할 것처럼 혜성이에게 점점 가까이 다가왔다. 혜성이는 주먹을 꽉 쥐었다. 그러고는 가장 가까이 다가온 남자를 향해 돌려 차기를 날렸다. 그러자 남자가 푹 쓰러졌다. 학교에서 갈고 닦은 태권도 실력이 나온 것이다. 그러나 상대는 모두 다섯 명. 그것도 어른. 한 사람이 쓰러지자 다른 사람들은 더 화가 나 달려들기 시작했다.

"이 녀석이 정말!"

혜성이는 정신을 차리려고 눈을 부릅떴다. 그러나 순간, 별이 번쩍! 정통으로 얼굴을 맞았다. 이번엔 혜성이가 쓰러졌다. 혜성이는 정신이 아득해졌다. 이러다 죽을 것만 같았다. 그런데 바로 그때였다.

"그만! 혜성이 형한테 손대지 마."

나무 뒤에서 곰같이 커다란 물체가 우레와 같은 소리를 내며 튀어나왔다. 난데없는 소리에 남자들도 움찔했다. 달곰이였다. 달곰이는 육중한 몸을 날려 제일 앞쪽의 남자 하나를 쓰러뜨리더니, 엄청난 괴력을 발휘하며 남자들을 하나씩 쓰러뜨렸다. 너무도 갑작스런 달곰이의 출현에 넋을 놓고 있던 남자들은 순식간에 달곰이의 주먹을 맞고 쓰러졌다. 혜성이도 그새 정신을 차리고 앞의 남자를 옆 차기로 쓰러뜨렸다. 둘이서 어른 다섯 명을 쓰러뜨린 것이다. 혜성이는 얼른 소리쳤다.

"달곰아, 뛰어!"

달곰이와 혜성이는 무조건 뛰기 시작했다.

잃어버린 길을 찾아서

"이, 이 녀석들이! 뭐 해! 빨리 잡아!"

곧이어 쓰러졌던 남자들도 벌떡 일어나더니 따라오기 시작했다.

달곰이와 혜성이는 가파른 산길을 따라 무조건 뛰었다. 올라가고 있는지 내려가고 있는지도 모를 정도로 한참을 도망치는데, 갑자기 혜성이가 소리를 지르며 푹 쓰러지는 게 아닌가!

"아얏!"

"왜, 왜 그래, 형?"

"발, 발목이!"

발목이 삐끗한 모양이었다.

"어떡하지? 걸을 수 있겠어?"

달곰이가 혜성이를 일으키며 물었다. 혜성이는 힘겹게 일어났다.

"그, 그럼. 아얏!"

아무래도 더 이상 걷기는 무리인 것 같았다. 그런데 바로 그때, 위쪽에서 남자들의 목소리가 들렸다.

"이, 이 녀석들, 어디로 간 거야? 빨리 찾아봐, 빨리!"

달곰이는 얼른 숨을 곳을 찾았다. 그리고 바로 옆 계곡 안쪽으로 나 있는 작은 동굴을 찾아내 혜성이를 부축해 갔다. 동굴 앞은 커다란 돌이 막고 있어서 다행히 겉에서 보면 잘 보이지 않았다. 이미 날은 저물고 류팡의 부하들은 아직도 자신들을 찾기 위해 혈안이 되어 있고. 둘은 정말 울고 싶은 심정이었다. 특히 혜성이는 자신 때문에 달곰이가 위험한 상황에 처한 것 같아 자꾸 미안한 마음이 들었다. 그렇게 복잡한 심정으로 한참을 소리 죽여 숨어 있었더니, 류팡의 부하들이 어디로 갔는지 어느새 조용해졌다. 어둑어둑해진 산에서는 바람 소리만 세차게 들렸다.

"갔나 봐, 형."

달곰이가 바깥을 살피더니 말했다.

"어떡하지? 너무 깜깜해졌다! 달곰이 너 여기서 집 찾아갈 수 있어?"

혜성이의 말에 달곰이는 고개를 저으며 힘없이 말했다.

"아니. 처음 온 길이야. 도망치다가 길에서 한참 벗어난 것 같아."

"그럼 어쩌지? 큰일 났다."

"그런데 형, 발목은 괜찮아?"

"아니. 점점 더 아파지는 거 같아."

"빨리 가서 치료를 받아야 될 텐데……. 어떡하지? 나침반이라도 있으면 방향을 알 텐데……."

"나침반? 그럼 방향을 알면 집에 찾아갈 수 있어?"

"응. 우리 집은 지리산 동쪽 방향에 있거든. 그러니까 동쪽으로 계속 가면 찾을 수 있어."

"좋아, 그럼 나침반을 찾자!"

"뭐? 나침반을? 이 산속에서?"

나침반의 N극이 항상 북쪽을 가리키는 이유는?

나침반에는 자기를 띤 바늘이 있어. 나침반 바늘에 자석을 가까이 대면 N극과 S극은 서로 끌어당기고, N극과 N극, S극과 S극은 밀어내지. 그런데 나침반의 N극은 왜 언제나 북쪽을 가리킬까? 그 이유는 지구가 큰 자석처럼 자기장을 띠기 때문이야. 지구의 북극은 S극, 남극은 N극을 띠고 있어. 그래서 나침반의 N극은 항상 북쪽을 가리키게 되지.

달곰이가 황당하다는 듯이 말하자 혜성이는 씩 웃으며 말했다.

"아니, 저기 저 하늘에서!"

하늘의 나침반

"별자리! 바로 별자리 나침반을 찾는 거야."

둘은 계곡의 바위 위에 드러누웠다. 그러고는 밤하늘을 쳐다보았다. 겨울밤의 하늘에는 별이 비 오듯 쏟아져 내리고 있었다.

"북극성은 항상 북쪽에 있어. 그래서 옛날 사람들은 북극성을 보고 방향을 찾았지."

"이렇게 많은 별들 중에서 어떻게 북극성을 찾아?"

"일단 겨울에는 카시오페이아자리를 이용하는 게 가장 좋아. 영어 알파벳 W(더블유) 자 모양을 하고 있지. 한번 찾아봐."

"W 자?"

달곰이는 열심히 W 자를 찾았지만, 뒤죽박죽 잘 보이지 않았다. 그러나 혜성이는 금세 카시오페이아자리를 찾았다.

"저기! 저기 잘 봐. W. 보이지?"

혜성이가 손가락으로 가리키는 곳에 W 자 모양의 별자리가 보였다.

"와, 보인다, 보여!"

달곰이는 신기했다. 이 많은 별들 중에서 어떻게 찾았을까 싶었다.

"자, 이제 바깥쪽 별을 두 개씩 잇고 각각 연장하면 만나는 점이 생기지? 그 점에서 별자리의 가운데 점까지의 거리를 재어 다섯 배 하면……. 바로 북극성이 있지. 저기다!"

"어디, 어디?"

"저기. 잘 봐. 저기 밝게 빛나는 별, 그게 바로 북극성이야!"

정말 하늘에는 북극성이 반짝반짝 빛나고 있었다.

"또 있어. 두 번째 방법은 북두칠성으로 찾는 거야. 먼저 저기 좀 밝은 별들이 보이지?"

혜성이가 달곰이의 손가락을 잡고 위치를 잡아 주었다.

"자, 봐. 하나, 둘, 셋, 넷, 다섯, 여섯, 일곱! 모두 일곱 개의 별을 연결해 보면, 어때? 꼭 국자 모양으로 생겼지?"

정말 혜성이의 말대로 하늘에 국자 모양이 그려졌다.

"이걸 북두칠성이라고 해. 북두칠성의 국자를 이루는 네 별 중 자루와 반대쪽에 있는 두 별의 거리를 재어 다섯 배 하면 북극성. 맞지?"

"와, 진짜 재밌다. 그럼 이쪽이 북쪽이야?"

"그렇지."

혜성이가 몸을 일으키며 말했다.

"그러니까 동쪽은 바로 이쪽! 이쪽으로 내려가면 되겠다."

별은 왜 반짝반짝 빛날까?

별에서 나온 빛은 우리 눈으로 오기 전에 지구 대기를 통과하게 돼. 그런데 지구 대기는 늘 움직여. 그러다 보니 별빛이 대기의 여러 입자들에 이리저리 부딪혀 꺾이면서 우리 눈에 들어오게 되기 때문에 반짝이는 것처럼 보여.

그러자 달곰이가 벌떡 일어나더니 혜성이에게 등을 보이며 앉았다.

"형, 나한테 업혀."

"무, 무슨 소리야. 좀 쉬었으니까 이젠 걸어갈 수 있어."

"그러다 더 심해지면 어떡해. 빨리 업혀. 아까 내가 그 아저씨들 다 쓰러뜨리는 거 못 봤어? 나 힘세."

달곰이의 말에 혜성이는 눈물이 날 것만 같았다. 항상 촌스럽다고, 많이 먹는다고, 느리다고 구박만 했는데, 달곰이는 혜성이를 위험한 상황에서 구해 주었다. 만약 혜성이 자신이었다면 아까와 같은 상황에서 절대 뛰어들지 않았을 것이다. 그러나 달곰이는 물불 안 가리고 무조건 뛰어들었다. 자신을 위해서……. 그러고는 지금 또 자신을 업고 가겠다며 넓은 등을 내미는 것이다.

결국 혜성이는 달곰이의 등에 업혀 산길을 내려왔다. 혜성이는 별자리를 보며 계속 방향을 알려 주었다. 달곰이는 힘들 텐데도 오히려 혜성이를 위로했다.

"형, 걱정 마. 이제 괜찮을 거야. 그리고 배고프지? 내려가면 내가 아궁이에 감자 구워 줄게. 진짜 맛있어."

"그, 그래. 고마워."

혜성이는 자꾸 눈물이 났다.

박 교장을 만나다

한편 요리와 영재를 어 형사와 함께 내려 보낸 박 교장은 거의 날 듯이 산길을 오르며 달곰이와 혜성이를 찾아 나섰다. 눈 위로 난 발자국을 따라 계속 산길을 올랐지만 어디에도 달곰이와 혜성이는 없었다. 그런데 바로 그때였다. 사람 목소리가 들렸다. 박 교장은 얼른 몸을 숨겼다. 누구인지, 몇 명인지부터 알아야 했기 때문이다.

"으이구~, 이 바보들아. 다 잡은 꼬맹이를 놓쳐! 창피해서 원……."

"곰이 뛰어나오는 줄 알았잖아요. 어찌나 덩치가 크던지……."

"그럼 혜성이 놈이라도 잡았어야지."

"걔도 나름 날쌔더라고요."

"시끄러! 그나저나 형님 아시면 죽음이야. 입들 다물어!"

"네!"

박 교장은 그들이 류팡의 부하들이라는 것을 눈치챘다. 달곰이와 혜성이가 같이 있었고 함께 도망간 것이 분명했다. 그런데 그 또한 문제였다. 이렇게 컴컴한데 어디에서 달곰이와 혜성이를 찾는단 말인가. 박 교장은 그들이 내려가는 것을 확인하고 어 형사에게 무전을 보냈다.

"어 형사 나와라, 오버!"

"어 형사 나왔다, 오버!"

"범인은 다섯 명. 지금 산길 따라 내려가고 있음. 체포하라, 오버!"

"알았다. 오버!"

박 교장은 다시 아이들을 찾아 산을 올라갔다. 아이들이 도망가느라 산길에서 많이 벗어난 것 같았다. 박 교장은 아이들을 불렀다.

"혜성아! 달곰아!"

그 후로도 한 시간이 넘게 박 교장은 아이들을 찾았다. 깜깜한 산길, 그것도 추운 겨울. 빨리 찾지 않으면 아이들은 밤새 큰일을 당할지도 모를 일이었다. 박 교장은 자책감이 들었다. 어떻게든 찾아야 하는데 깜깜한 밤, 정말 깜깜한 느낌이었다. 그런데 바로 그때였다. 위쪽에서 사람의 모습이 흐릿하게 보였다. 박 교장은 큰 소리로 불러 보았다.

"혜성아! 달곰아!"

그러자 너무도 반가운 대답이 들려왔다.

"여, 여기 있어요. 여기요!"

나혜성과 반달곰

"아유, 너희 정말 혼나야 돼. 쌤! 애들 좀 많이 혼내 주세요. 아니, 어떻게 겁도 없이 처음 본 사람을, 날도 어두워지는데 산으로 쫓아가? 요즘 유괴 사건 얼마나 많이 일어나는지 너희도 알지, 어?"

어 형사가 큰 목소리로 훈계를 늘어놓자 아이들은 모두 고개를 숙이고 힘없이 대답했다.

"네."

"그런데! 그런데도 따라가? 특히 혜성이 너, 달곰이 없었으면 어떻게 할 뻔했어! 쌤, 뭐 하세요. 빨리 혼 좀 내세요!"

그러자 박 교장이 말했다.

"지켜 주지 못해서 미안하다. 앞으로는 정말 조심하마. 피곤할 테니 얼른 가서 자거라."

박 교장의 의외의 말에 모두들 어안이 벙벙해졌다. 어 형사는 말도 안 된다는 듯 말했다.

"쌤! 그러시면 안 돼요. 일단 잘못한 건 혼을 내셔야죠."

"스스로 많이 혼났을 거야. 그렇지?"

"네."

대답하는 아이들의 눈에는 눈물이 그렁그렁했다.

"자, 빨리 가서 자거라. 내일부터는 고된 겨울 캠프가 시작될 테니까."

그러자 어 형사도 할 수 없다는 듯 말했다.

"그래. 다들 반성했다니까 이번엔 그냥 넘어가지만, 다음 번엔 절대 못 봐줘. 알았지?"

"네."

아이들이 대답을 하고는 일어났다. 그때 혜성이가 말했다.

"저……. 저는 달곰이네 가서 자도 돼요?"

"달곰이네? 왜?"

모두들 의외라는 표정이었다.

"아까 달곰이가 아궁이에 감자 구워 준다고 했거든요."

그러자 어 형사가 황당하다는 듯 말했다.

"으이그~, 이 녀석! 발은 그 모양이 되어서 감자 생각이 나냐?"

"그럼요. 금강산도 식후경! 모르세요?"

"하하하하."

그날 밤, 혜성이는 달곰이네 집에서 달곰이와 함께 잠을 잤다. 좁은 방에 침대도 없었지만, 따끈한 아랫목에 맛있는 감자, 그리고 달곰이가 있어서 혜성이는 참 행복했다.

혜성이가 들려주는
사건 해결의 열쇠

나와 달곰이가 산속에 갔다가 '잃어버린 길을 찾아서' 산을 내려오며 사용한 해결의 열쇠는 바로 '별자리'를 이용해 방향을 찾는 방법이었어. 하늘에 떠 있는 수많은 별들 사이에서 별자리를 찾는 것! 정말 재미있지.

💡 별과 별자리

일단 '별'이 무엇인지부터 알아야겠지? 별이란 태양과 같이 스스로 빛을 내는 천체로, '항성'이라고도 해. 우리 지구와 같이 스스로 빛을 내지 못하면서 항성 주위를 도는 천체는 '행성'이라고 하지. 밤하늘에는 수많은 별들이 떠 있어. 그중 우리가 맨눈으로 볼 수 있는 별의 수는 약 8,000개, 한눈에 볼 수 있는 별은 약 2,000개라고 해. 정말 많지?

오랜 옛날부터 사람들은 이러한 별들이 여러 가지 모양을 이루며 모여 있는 것으로 보았어. 그래서 또렷하고 밝은 별들을 서로 이어서 사람이나 동물 또는 물건의 모습을 만들고 이름을 붙였는데, 이렇게 생긴 별들의 모임을 '별자리'라고 해. 별자리는 지역에 따라 그 지역의 전설이나 신화에 맞게 이름과 얽힌 이야기가 달라. 사람들은 이 별자리의 위치를 보고 길이나 방향을 찾고, 계절이나 시각을 알아내고, 달력도 만들었지.

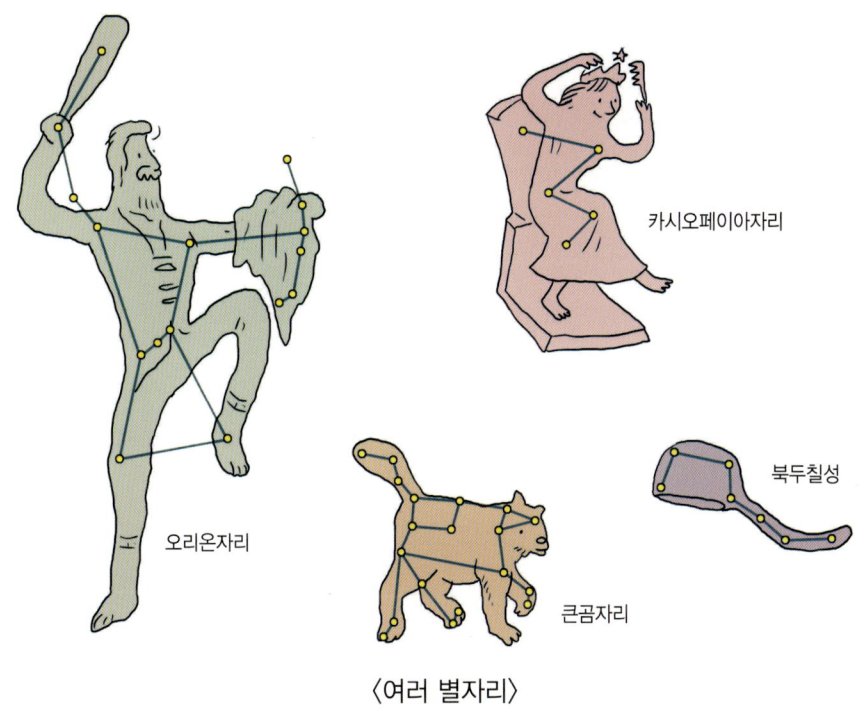

카시오페이아자리
북두칠성
오리온자리
큰곰자리

〈여러 별자리〉

그런데 나라마다 별자리의 모양과 이름이 다르니 혼동이 생겼어. 그래서 1922년에 전 세계 천문학자들의 모임인 국제 천문 연맹(IAU)에서 하늘 전체에 있는 별자리를 88개로 확정했지. 이게 현재 쓰이는 별자리야.

별의 일주 운동

별들은 시간에 따라, 계절에 따라 떠 있는 자리가 바뀌어. 왜냐! 지구가 자전하기 때문이지. 북극성은 지구의 자전축 바로 위에 있기 때문에 거의 움직이지 않아. 사실은 1도 정도 벗어나 있지만 이 정도로는 거의 움직임을 눈치챌 수 없지. 그래서 방향을 잡을 때에는 항상 북극성을 기준으로 삼는 거야. 자, 그럼 별이 시간에 따라 어떻게 움직이는지 알아볼까?

별들은 북극성을 중심으로 하루에 한 바퀴씩 시계 반대 방향으로 돌아.

〈북두칠성의 일주 운동〉

이를 '별의 일주 운동'이라고 하지. 북극성에서 멀리 떨어진 별일수록 원을 더 크게 그리게 되는데, 그 결과 별들은 하루 중에도 시각에 따라 떠 있는 위치와 모양이 달라지게 돼. 그래서 시계가 없던 옛날에는 별의 위치와 모습을 보고 몇 시인지 알았다고 해.

계절에 따라 변하는 별자리

어떤 별자리는 특정한 계절에만 볼 수 있어. 지구가 공전하기 때문이지. 별들은 북극성을 중심으로 시계 반대 방향으로 돈다고 했지? 그런데 지구가 공전하기 때문에 별들이 도는 주기는 하루에 약 4분씩 빨라져. 그래서 계절이 바뀌면서 매일 같은 시각에 보이는 별자리가 달라지지.

우리나라에서는 작은곰자리, 카시오페이아자리, 큰곰자리(북두칠성)를 뺀 나머지 별자리들이 계절에 따라 보이기도 하고 안 보이기도 해.

〈계절에 따른 대표적인 별자리〉

　그러니까 생각해 봐. 나와 달곰이는 깜깜한 밤 산속에서 길을 잃었어. 그런데 나침반도 없으니 방향도 알 수 없었지. 이럴 땐 특별한 방법을 써야지. 바로 별자리 나침반! 북두칠성과 카시오페이아자리는 계절에 상관없이 보이는 별자리니까, 북두칠성이나 카시오페이아자리를 이용하면 북극성을 찾을 수 있지. 북극성이 있는 방향이 북쪽이니까, 달곰이네 집이 있는 동쪽도 찾을 수 있었어. 어때, 이젠 알겠지?

■ 핵심 과학 원리 – 식물과 환경

사건 4

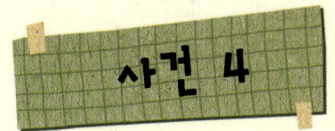

식물학자 실종 사건

"고피운 교수님이라고 나의 대학 스승님이신데, 방금 그분이 실종됐다는 소식을 들었다."

아이들은 모두 깜짝 놀랐다.

고피운 교수라면 생물학에 전혀 관심 없는 사람도 다 아는 유명한 식물학자.

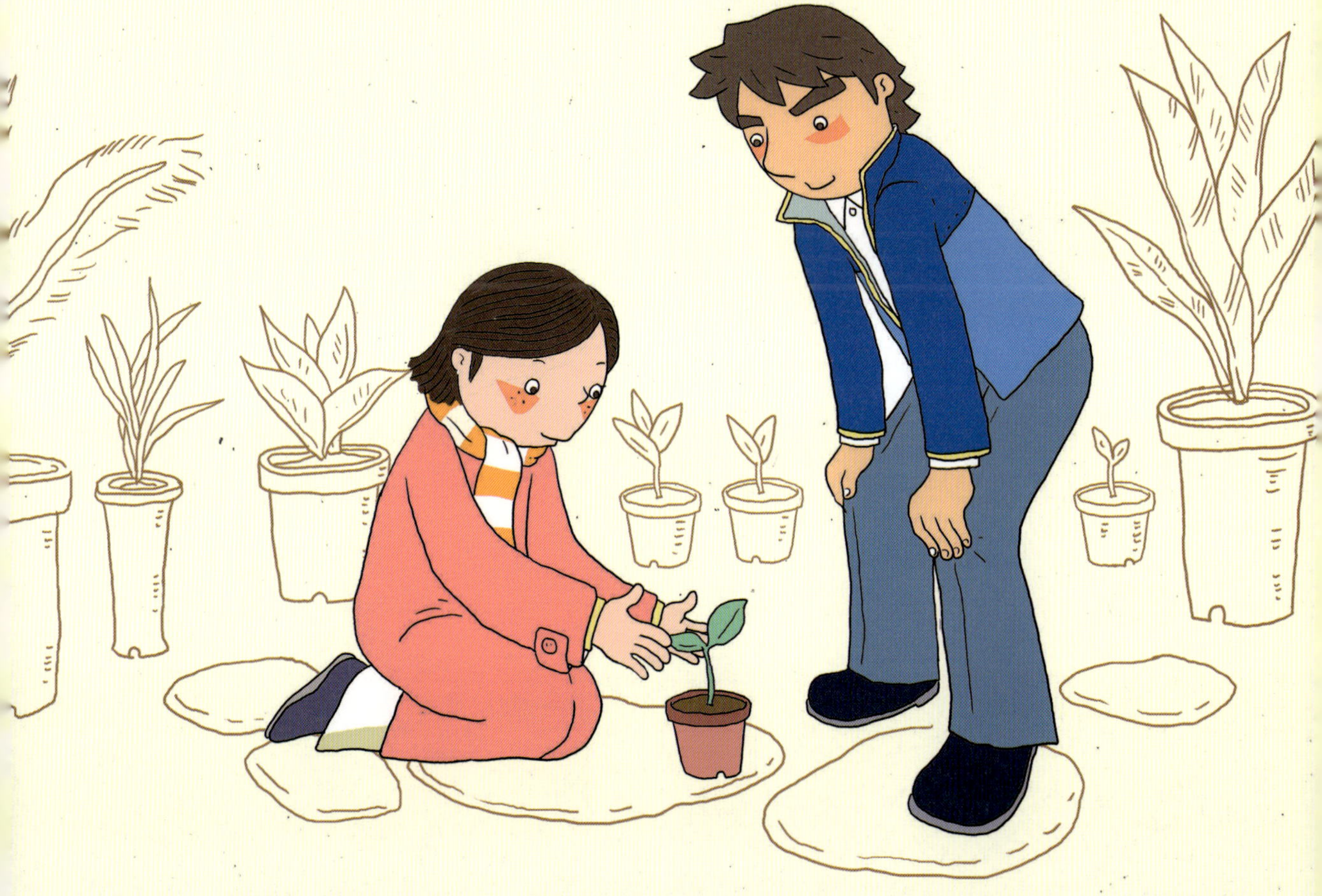

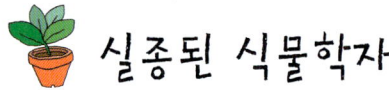 실종된 식물학자

　겨울 방학이 끝나자마자 아이들은 얼마 남지 않은 진급 시험 때문에 눈코 뜰 새 없이 바쁜 시간을 보냈다. 과목마다 치르는 진급 시험에 모두 통과하면 진급하게 되지만, 한 과목이라도 통과하지 못하면 다시 똑같은 과정을 들어야 한다. 게다가 11월이나 되어서 입학한 후 넉 달도 채 안 되는 시간 동안 첫 해 전 과정을 끝마쳐야 하니, 아이들은 하루 종일 공부에 매달릴 수밖에 없었다.

　그러던 어느 날 식물학 시간. 수업 종이 울린 지 10분이 지나도록 선생님이 오지 않았다. 식물학 선생님인 정학해 선생은 워낙 시간을 칼같이 지키기로 유명한 분. 연락도 없이 안 오실 분이 아닌데! 이상하게 생각한 혜성이가 교무실로 가 보았으나 거기에도 없었다. 어떻게 해야 할지 몰라 우왕좌왕하고 있는데, 정 선생이 헐레벌떡 들어왔다.

　"미, 미안. 갑자기 중요한 일이 생겨서……."

　그런데 정 선생의 표정이 영 좋지 않았다. 요리가 물었다.

　"선생님, 혹시 어디 편찮으세요?"

　"아, 아니. 자, 그럼 시작해 볼까?"

　그렇게 수업이 시작되었다. 그러나 평소 엄청나게 열정적인 강의와 끊임없는 질문 공세로 유명한 정 선생이 오늘은 기운이 쭉 빠져 걱정이 가득한 표정으로 수업을 했다. 아이들은 정 선생에게 분명 안 좋은 일이 일어났음을 직감했다.

그리고 드디어 수업 끝을 알리는 종소리가 울리자, 정 선생은 심각한 표정으로 말했다.

"너희에게 부탁할 일이 있다."

부탁할 일이라니? 갑작스런 정 선생의 말에 아이들은 어리둥절했다.

"고피운 교수님이라고 나의 대학 스승님이신데, 방금 그분이 실종됐다는 소식을 들었다."

아이들은 모두 깜짝 놀랐다. 고피운 교수라면 생물학에 전혀 관심 없는 사람도 다 아는 유명한 식물학자. 대한 대학교 식물학과 학과장이며 대한 식물 학회 회장. 그리고 우리나라 희귀 식물의 최고 권위자.

30권이 넘는 책을 썼으며, 이 책들은 모두 대학교와 중, 고등학교 교재로 쓰일 정도로 고피운 교수는 우리나라 식물학계의 거목이었다.

그런 고피운 교수가 실종되었다니! 특히 달곰이는 수많은 식물들의 이름과 특징을 그가 쓴 '식물 대백과 사전'을 통해 익혔기 때문에 그 충격이 훨씬 컸다.

"어, 어, 어떻게 실종되셨는데요?"

달곰이가 묻자, 정 선생은 안타까운 표정으로 말했다.

"글쎄 그걸 아무도 몰라. 일주일 전부터 아무런 연락도 없이 감쪽같이 사라지셨다는 거야."

"혹시 식물 채집 가신 거 아닐까요?"

"그럴 수도 있겠지. 하지만 식물 채집 가셔도 이렇게 일주일씩이나 연락 안 하신 경우는 한 번도 없으셨대. 최소한 3, 4일에 한 번은 전화를 하셨지. 사모님께서 혼자 걱정 걱정 하시다가 조금 전에 전화를 하신 거야. 좀 찾아봐 달라고……."

그러자 달곰이가 벌떡 일어나며 말했다.

"선생님, 제가 도울게요."

"정말?"

"네. 우선 고피운 교수님 연구실부터 가 보는 게 좋을 것 같아요."

"저도요. 저도요."

그렇게 아이들은 정 선생을 따라 고 교수의 연구실을 찾아갔다.

연구실에 가다

대한 대학교에 도착하자 아직 방학이라 그런지 학생들도 별로 없고 한산한 분위기였다. 정 선생은 아이들을 식물학과 사무실로 데리고 갔다. 거기서 최선한이라는 조교를 만났는데, 그는 정 선생을 보자마자 어두운 표정으로 물었다.

"선배님, 어떡해요? 혹시라도 잘못되셨으면 어떡하죠?"

"괜찮을 거야. 너무 걱정하지 마. 그리고 이 아이들은 우리 '어린이 과학 형사대 CSI' 요원들인데, 같이 교수님 연구실 좀 볼 수 있을까?"

아이들은 최선한의 안내로 고 교수의 연구실로 들어갔다. 연구실은 생각보다 훨씬 깔끔하게 정리되어 있었다. 빙 둘러 천장까지 닿아 있는 책장에는 각종 식물 관련 책들과 논문들이 가지런히 정리되어 있었다.

"우선 단서가 될 만한 게 있는지 찾아보자."

혜성이의 말에 모두 각자 맡은 일을 시작했다. 요리와 달곰이는 방문이나 컴퓨터, 책상 등에서 지문을 채취하고, 혜성이는 컴퓨터에 저장된 파일을 조사하고, 영재는 여기저기 사진을 찍어 살펴보았다. 그러나 어디에서도 눈에 띄는 단서는 찾을 수 없었다. 아이들의 행동을 가만히 지켜보던 최선한은 신기한 듯 정 선생에게 물었다.

"어린이 과학 형사대라면 무엇을 하는 거죠?"

"아직 정식 형사는 아니지만 사건 수사를 맡을 수 있는 아이들이지.

지난해 엄격한 시험을 거쳐 선발된 아주 우수한 아이들이야."

"그렇군요. 보기에도 아주 똑똑하게 생겼네요."

최선한은 신기한 듯 아이들의 행동 하나하나를 눈여겨보고 이것저것 물어보며 관심을 표현했다. 그러나 한 시간이 넘게 조사를 했지만 아이들은 아무런 단서도 찾지 못했다. 정 선생이 말했다.

"오늘은 그만하자. 교장 선생님이 기다리실 테니 돌아가야겠다."

"네."

아이들은 좀 창피했다. 뭔가 대단한 단서를 찾아 짠! 하고 보여 주고 싶었다. 그뿐 아니라 자신들의 능력을 믿고 처음 사건을 맡긴 정 선생에게 보답하는 의미에서라도 뭔가 단서를 찾아내야 했다. 하지만 어쩌랴! 없는 단서를 만들 수도 없고……. 아이들은 최선한에게 인사를 하고 정 선생과 함께 학교로 돌아왔다.

 이상한 컴퓨터

아이들은 학교로 돌아오자마자 교장실로 향했다. 수사 결과를 보고하기 위해서였다. 아이들이 들어서자 어 형사는 시끄럽게 묻기 시작했다.

"어떻게 됐니? 뭐 발견한 거 있어? 지문 좀 채취하지! 혹시 편지 온 거 다 확인했어?"

"네. 다 했어요. 그리고 여기 지문 채취한 거요."

요리가 힘없이 대답하며 지문 채취한 것을 내밀었다. 갈 때에는 어 형사에게 단서 찾아올 테니 걱정 말라고 큰소리 뻥뻥 치고 갔는데 건져 온 것이 하나도 없으니, 이게 무슨 창피란 말인가!

"그 외에 별다른 단서가 없었어요."

혜성이가 대답하자 어 형사는 안타깝다는 듯 말했다.

"아이 참, 그러니까 내가 같이 갔어야 했는데! 그때 딱 중요한 회의가 있어 가지고……."

그러자 박 교장은 얼른 아이들을 위로해 주었다.

"괜찮아! 단서 찾는 게 그렇게 쉬우면 범인 금방 잡게. 그리고 혹시 모르지. 지문 감식하면 뭐가 나올지."

바로 그때였다. 혜성이가 조심스럽게 말을 꺼냈다.

"그런데요. 좀 이상한 게 있었어요."

"이상한 거?"

모두의 눈이 동시에 혜성이에게 쏠렸다.

"네. 컴퓨터를 보니까 최근 사용한 날짜가 2월 10일이었어요."

"2월 10일. 가만, 고 교수님이 실종된 날이 2월 7일. 그럼 고 교수님이 사라진 이후에 컴퓨터를 썼다는 얘긴데!"

어 형사의 말에 혜성이는 자신의 생각을 말했다.

"제 생각에는 누군가 컴퓨터에 남아 있던 증거를 없애려고 손을 댄 것 같아요. 하드 디스크에서 지워진 파일을 복원해 보는 게 좋겠어요."

"그래! 그러면 되겠다!"

아이들이 맞장구를 쳤다. 그러자 박 교장은 흔쾌히 허락했다.

"좋아! 그럼 어 형사, 지문 채취해 온 거 검사 의뢰하고 내일 학교에 가서 컴퓨터 좀 갖다 주지 그래."

"네! 알겠습니다."

어 형사가 힘차게 대답하자, 아이들은 안도의 한숨을 쉬었다. 작지만 한 가지 단서라도 찾은 것이 참 다행이라는 생각이 들었다.

박 교장과 어 형사의 조사

아이들이 돌아가자 박 교장과 어 형사는 나름대로 고 교수의 주변 인물을 조사하기로 했다.

"어 형사는 친하게 지냈던 교수들부터 알아봐. 난 집에 가 볼 테니까."

"네!"

박 교장은 고 교수의 집으로 가면서 여러 가지 추리를 해 보았다.

'실종된 식물학자라. 자살이 아닐까? 아니면 식물 채집 갔다가 사고를 당했나? 그것도 아니면 주변 인물에 의한 계획적인 살인?'

아직까지 발견된 단서는 하나도 없으니, 그 어떤 상황도 배제할 수 없었다. 고 교수의 아내는 경찰이라는 말에 한껏 긴장된 표정으로 박 교장을 맞았다.

"언제부터 연락이 없었죠?"

"2월 7일 오후부터죠. 조교 말로는 오전까지는 계셨는데 점심 먹고 오니 안 계셨대요."

"아무리 그래도 7일씩이나 전화도 없이 사라졌는데 계속 기다리기만 했다는 건 좀 이해가 되지 않네요."

"처음엔 연구하다 늦어서 학교에서 자든가, 아님 식물 채집 갔나 보다 했죠. 채집하러 가면 보통 3, 4일 정도는 연락이 없고 그랬어요. 뭐 워낙 간단 말도 없이 가고, 올 때도 온단 말도 없이 불쑥 오니까…….

게다가 산속에서는 휴대 전화가 잘 안 터지잖아요. 그리고 전화 같은 거 잘 안 하는 사람이라……."

"그럼 7일이 지나 실종 신고를 낸 이유는 뭐죠?"

"전 조교가 따라간 줄 알았거든요. 최선한이라고, 항상 데리고 갔으니까. 그런데 7일이 지나도 연락이 없으니까 불길한 생각이 드는 거예요. 그래서 학교에 전화를 했더니, 그 조교는 있더라고요."

"그런데 좀 이상하군요. 보통 교수님이 학교에 며칠씩 안 나오시면 조교들이 먼저 집으로 전화하고 그러지 않나요?"

"방학이라 그냥 집에 계시는 줄 알았대요."

"네. 알겠습니다. 그럼 궁금한 거 있으면 다음에 또 들르겠습니다."

박 교장이 일어나자 그녀는 얼른 따라 일어나며 말했다.

"부탁입니다. 제발 좀 찾아 주세요."

"네. 너무 걱정 마세요. 그럼……."

박 교장은 마음이 더 무거워졌다. 어디서부터 어떻게 찾아야 할까?

한편 어 형사는 고 교수와 제일 친했다는 같은 학교 국문학과 소찬영 교수를 만나러 갔다. 소 교수는 어 형사의 전화를 받고는 사색이 되어 달려 나왔다.

"시, 실종이라니요? 고, 고 교수가요?"

"아직 확인할 수는 없습니다. 혹시 의심할 만한 일 없었나요?"

"고 교수 만난 지 두 주일이 넘었어요. 둘 다 바쁘니까 자주 만나야 한 달에 한 번? 학교에서 만나면 커피나 한 잔 하고 그랬어요. 워낙 건물도 다르니까 자주 만나지는 못했죠."

"그런데 어떻게 국문학과 교수님하고 생물학과 교수님하고 친하셨네요. 전혀 다른 분야인데……."

"고 교수하고는 고등학교 동창이에요. 그리고 그 친구가 워낙 숫기가 없어서 친구 사귈 줄 몰라요. 게다가 고지식하기까지 해서……."

"주변 평판은 어땠나요?"

"고지식하단 말은 많이 들었죠. 하지만 다른 사람에게 손가락질 받을 만한 일을 한 적은 한 번도 없어요. 융통성이 좀 없어서 그렇지 참 진실하고 착하고 성실한 친구니까. 그나저나 고 교수 좀 빨리 찾아 주세요. 아유, 이 친구! 정말 어디 있는 거야."

금방이라도 울 듯 고 교수를 걱정하는 소 교수. 도대체 고 교수한테 무슨 일이 일어났단 말인가!

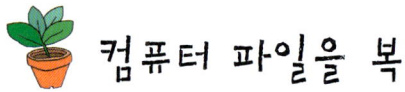 ## 컴퓨터 파일을 복원하라

　다음 날 오후, 지문 검식 결과가 나왔는데 고 교수의 지문만 있을 뿐 다른 사람의 지문은 발견되지 않았다. 아이들은 실망했다.

　"그럼 이제 남은 희망은 컴퓨터뿐이네."

　혜성이의 말에 아이들은 다 할 말이 없었다. 어떻게든 멋지게 사건을 해결하고 싶은데 잘 안 풀리는 것 같아 속상했다. 그러나 여기서 포기할 수는 없는 일! 고 교수의 컴퓨터가 도착하자마자 영재는 컴퓨터 복원 프로그램을 이용해 하드 디스크에서 지워진 부분을 복원하기 시작했다. 영재는 능숙한 솜씨로 복원 프로그램을 다루어, 30분도 안 되는 시간 만에 그동안 지워진 모든 파일을 살려 냈다.

　아이들은 그중에서 가장 최근에 컴퓨터를 켠 것으로 나타난 2월 10일에 지워진 파일들을 하나하나 살펴보았다. 최근 발표된 논문부터 시작해 식물에 대한 기초 자료, 친구로부터 온 편지 등 50여 개나 됐다. 파일을 나누어 한참 살펴보고 있는데, 혜성이가 뭔가 발견한 듯 소리쳤다.

　"이것 좀 봐!"

　아이들이 모두 모여들었다. 꽃 사진이었다. 그런데 다른 꽃 사진들과 비교해 별로 다를 바가 없어 보였다.

　"합성한 사진이야."

　"합성 사진?"

아이들은 깜짝 놀랐다. 그러자 달곰이가 말했다.

"이거 한란인데!"

"한란?"

"응. 천연기념물로 지정된 희귀 식물인데 우리나라에서는 제주도 한라산 남쪽, 높이 700미터 근처에서만 자라고 있어."

달곰이가 설명하자 이번엔 요리가 이상하다는 듯 말했다.

"잠깐만, 내가 조사한 자료에도 똑같은 꽃 사진이 있었는데!"

> **한란이란?**
>
> 꽃이 12월에서 1월 사이 추운 겨울에 핀다고 하여 '한란'이라고 불러. 우리나라에서는 오직 한라산에서만 볼 수 있는 매우 희귀한 식물로, 워낙 희귀해서 산에 온전하게 남아 있는 것이 적기 때문에 지금은 철책을 만들어 보호하고 있어. 한란은 우리나라에서 유일하게 종 자체를 천연기념물로 지정하여 보호하는 식물이야. 한란은 따뜻한 곳에서 주로 자라는데, 한라산 일대는 한란이 자랄 수 있는 북방 한계선에 해당하는 거야. 일본 남부의 난대림에서도 자라는데, 일본에서도 천연기념물로 지정해 보호하고 있지.

그러고는 자료를 뒤지더니 한란에 대한 자료를 수북하게 찾아 보여 주었다. 정말 많았다. 그러자 혜성이가 말했다.

"달곰아, 이 사진의 배경이 제주도 맞아? 아닌 것 같지 않아?"

달곰이는 사진을 자세히 보았다. 한란은 잎이 넓고 겨울에도 잎이 지지 않는 나무들이 우거진 숲에서 자생한다. 그런데 사진 속의 산은 눈이 덮여 있고 높은 산봉우리가 이어져 있었다. 한라산이 아니었다.

"아닌 것 같은데……. 여기는……?"

달곰이는 어디선가 본 듯한 느낌이 들었다. 언젠가 식물 공부하다가 본 듯한 산. 어디였더라?

"아, 맞다! 태백산, 태백산이야!"
"뭐? 태백산?"
"응. 지난번에 한계령풀 공부하다가 본 기억이 나. 한계령풀은 사람들의 발길이 잘 닿지 않는 높고 험한 곳에서만 커다란 군락을 이뤄 피는데, 태백산에도 있거든. 그래서 태백산 사진을 많이 봤는데 바로 그때 본 곳이야."

> **한계령풀이란?**
>
> 5월이면 작고 여린 줄기에 노란색 꽃이 피는 두해살이풀이야. 설악산 오색 계곡의 한계령 능선에서 처음 발견되어 이런 이름이 붙었어. 사람들의 발길이 닿지 않는 높고 험한 곳에 군락을 이루어 자라기 때문에 한계령, 오대산, 태백산 등 사람들의 출입이 쉽지 않은 산에 가야 만날 수 있어. 환경부에서 희귀종으로 지정하여 보호하고 있지.

"그럼 혹시 한란을 찾으러 태백산에 갔다가 사고를 당한 거 아닐까?"
영재의 말에 달곰이는 고개를 저으며 대답했다.
"그건 말도 안 돼. 고 교수님은 우리나라 천연기념물에 대해서는 최고 권위자야. 그리고 한란은 제주도가 북방 한계선이야. 거기보다 더 북에서는 절대 자라지 않는다는 얘기지. 그걸 모르실 리가 없잖아."
바로 그때였다.
"만약 지금까지 알려진 것과 전혀 다른 제보를 받았다면?"
아이들은 깜짝 놀라 뒤를 돌아보았다. 어느새 박 교장이 서 있었다.
"한번 생각해 봐. 난 식물에 있어서 우리나라 최고의 학자야. 그런데 누군가 학계에 엄청난 파장을 일으킬 만한 제보를 해 온 거야. 태백산에서 한란을 보았다는! 그렇다면 어떻게 하겠니?"
그러자 달곰이가 말했다.

"가 보겠어요. 가서 없으면 어쩔 수 없지만 그래도 가만히 있을 순 없을 거예요."

"그래, 바로 그거야! 그럼 태백산으로 가 봐야겠지?"

범인을 추적하라!

박 교장과 요리, 달곰이, 정 선생은 곧 태백산으로 떠나고 어 형사와 혜성이, 영재는 남아서 그 사진을 누가 보냈는지 추적해 보기로 했다.

복원한 파일을 자세히 살펴보니, 그 사진은 누군가 보낸 것이었다. 그리고 아이디가 'DOBEST'라는 사실까지 알아냈다. 아이디의 주인을 찾기 위해 등록된 주민 등록 번호를 '사이버 수사대'에 의뢰했다. 그러나 조사 결과, 그 주민 등록 번호는 아주 어린 사람의 것. 아무래도 주민 등록 번호를 도용한 것 같았다.

그럼 이제 남은 방법은 IP(아이피) 주소를 추적해 찾아내는 방법. 그러나 실제로 IP 주소를 추적하는 것은 쉽지 않은 일이다. 보통 유동적인 IP 주소를 쓰는 경우가 많고, 혹시 IP 주소를 추적하여 컴퓨터를 찾아냈더라도 개인 컴퓨터가 아니라 PC방같이 많은 사

IP(아이피) 주소란?

컴퓨터로 연결된 통신망에서 인터넷을 하는 모든 컴퓨터에 주는 고유의 식별 번호야. 즉, 인터넷에 연결된 컴퓨터는 모두 자신의 IP 주소를 가지고 있어. '123.45.678.9'처럼 마침표로 구분된 네 개의 숫자로 구성되지. 우편물에 집주소를 적어야 우편물을 보내고 받을 수 있는 것처럼, IP 주소가 정해져 있어야 내 컴퓨터에서 다른 컴퓨터로 메시지나 파일 등을 보내고 받을 수 있어.

람들이 사용하는 컴퓨터라면 누가 사용했는지 알아내기란 쉽지 않은 것이다. 어 형사는 알아낸 IP 주소를 다시 사이버 수사대에 의뢰해 사진을 보낸 컴퓨터가 한 PC방의 컴퓨터라는 사실을 알아냈다.

"이제 방법은 PC방에 가 보는 것뿐이지."

혜성이와 영재는 어 형사를 따라 한 허름한 PC방을 찾아갔다. 그리고 고객 명부를 뒤져 사진을 보낸 시간에 그 컴퓨터를 사용한 사람을 찾아내려고 했다. 그러나 안타깝게도 그 시간에 그 컴퓨터를 쓴 사람에 대한 기록은 전혀 남아 있지 않았다.

"왜 기록이 없죠? 사용한 시간을 적어야 사용료를 지불하는 거 아닙니까? 그렇다면 기록을 해야 될 텐데……."

어 형사가 묻자 아르바이트를 하는 학생이 대답했다.

"보통은 다 적는데 자주 오는 사람들은 가끔 그냥 쓰게도 해 주고 그러거든요. 그래서 안 적은 것 같은데, 이 시간은 제가 근무하는 시간이 아니라서 잘 모르겠어요."

그러자 혜성이와 영재가 말했다.

"그렇다면 이곳에 자주 오는 사람일 가능성이 크겠네요."

"어 형사님, 그럼 여기서 기다려 봐요. 혹시 모르잖아요."

결국 어 형사와 아이들은 PC방에서 잠복하기로 했다. 그렇게 한 시간쯤 기다렸을 때였다. 누군가 문을 열고 들어오는 소리가 들리자, 갑자기 혜성이가 놀라 어 형사를 쿡 찌르며 속삭였다.

"어 형사님, 저 사람은?"

분위기가 이상했는지 지금 막 들어온 사람이 쏜살같이 도망쳤다. 어 형사가 재빨리 쫓아가고 아이들도 따라 나갔다. 숨 막히는 추격 끝에 어 형사가 그 사람을 잡았다. 그는 바로 고 교수의 조교, 최선한이었다.

"미안합니다, 최선한 씨. 잠깐 조사 좀 하겠습니다."

고 교수를 발견하다

한편 태백산으로 출발한 박 교장 일행은 어두워진 후에나 도착할 수 있었다. 그래서 일단 태백 경찰서로 향했다. 가면서 태백 경찰서에 연락해 내일 함께 산에 오를 수색대를 지원받기로 했기 때문이다. 경찰서장이 일행을 반갑게 맞아 주었다. 그러고는 사진을 보더니 놀라며 말했다.

"아, 여기! 그런데 여기는 사람들의 거의 가지 않는 곳인데……."

"길이 전혀 없습니까?"

"초입까지만 길이 있고 그 다음부터는 거의 원시림이에요. 특히 계곡 주변에는 나무가 빽빽이 우거져 있어서 한번 길을 잃어버리면 찾아 나오기 쉽지 않습니다. 그래서 가끔 사고가 나는 곳입니다."

"알았습니다. 그럼 내일 아침 9시부터 시작해 볼까요?"

"예. 준비하겠습니다."

다음 날 아침 9시. 50여 명의 경찰이 세 팀으로 나뉘어 사진의 장소를 샅샅이 뒤지기 시작했다. 그렇게 두 시간쯤 지난 후 그중 한 팀으로부터 연락이 왔다. 낭떠러지 밑에서 고 교수의 시신을 발견했다고…….

정 선생은 그 자리에서 쓰러져 울부짖기 시작했다.

"교수님, 어떻게. 어떻게 이런 일이 있습니까! 교수님!"

혹시나 해서 따라오긴 했지만 고 교수가 정말 시신으로 발견될 거라고는 생각하지 못했다. 한란을 찾아 태백산에 왔다는 사실 자체가 믿을 수 없는 일. 그렇게 황당한 사진 한 장을 믿고 어떻게 여기까지 왔단 말인가! 요리와 달곰이도 따라 울기 시작했다. 스승을 잃은 정 선생의 아픔이 아이들에게도 전해졌다.

최선한이 범인일까?

"전 아닙니다. 제가 왜 교수님께 그런 말도 안 되는 사진을 보내겠습니까? 저 며칠만 있으면 식물학 박사 학위 받을 사람입니다."

경찰서 취조실. 어 형사는 밤새 최선한을 조사했다. 그러나 최선한은 끝까지 자기가 아니라고 부인했다. 그것도 아주 정중하고 신사적으로. 그런데 11시 30분쯤에 태백산에서 연락이 왔다. 고 교수의 시신을 찾았다고. 어 형사가 그 소식을 최선한에게 전하자, 그의 얼굴은 굳어졌다.

"정말입니까? 정말 돌아가셨나요?"

"네. 이제 솔직히 말씀하시죠."

"아닙니다. 전 정말 아닙니다."

역시 부인하는 최선한. 사실 PC방에서 그를 보고 잡아 오긴 했지만, 그가 진짜 그 사진을 보냈다는 것을 확실하게 증명할 수는 없었다. 말 그대로 심증은 있는데 물증은 없는 상태. 할 수 없이 최선한의 집과 학교를 찾아볼 수밖에 없었다.

어 형사와 혜성이, 영재는 압수 수색 영장을 받아 대한 대학교로 갔다. 그리고 최선한이 쓰던 컴퓨터를 가져와 조사했다. 그러나 어느 곳에도 합성 사진의 원본이 되었을 만한 사진은 찾을 수 없었다. 그런데 샅샅이 파일을 뒤져 보던 영재가 뭔가 발견한 듯 말했다.

"어 형사님, 이게 뭐예요?"

어 형사와 혜성이가 얼른 가 보니, 어떤 문서였다.

"대한 대학교 교수 임용 지원서?"

그 순간, 혜성이의 머릿속에 뭔가 번뜩 떠오르는 게 있었다.

"어, 이거 어제 본 고 교수님 파일에도 있었는데!"

그러자 어 형사가 말했다.

"그럼 최선한이 이번에 교수 임용을 지원했다는 말이네! 누가 임용됐나 알아봐야겠어."

어 형사는 바로 대학 교학처에 전화를 했다.

"네. 누가 됐다고요? 박승진 씨요? 그럼 최선한 씨는 안 됐나요? 아, 네. 알았습니다. 감사합니다."

전화를 끊은 어 형사는 잠시 아무 말도 하지 않고 뭔가 깊이 생각하는 듯했다. 그러더니 무릎을 탁 치며 말했다.

"그래, 바로 이거야. 가자, 애들아!"

취조실로 돌아온 어 형사는 최선한에게 다그치기 시작했다.

"교수 임용 안 되니까 홧김에 그런 거 아니에요? 알아보니까 아주 근소한 점수 차로 안 됐던데……."

그러자 어 형사의 말에 이제까지 놀랄 정도로 침착하던 최선한이 갑자기 동요를 일으키기 시작했다.

"그, 그건……. 그래요. 떨어졌어요. 정말 너무 오랫동안 기다리던 자리였죠. 하지만 내가 아닌 다른 사람이 되더군요. 돈 많은 집 아들이. 그래도 전 교수님께서 저를 밀어주실 줄 알았어요. 그, 그런데 나중에 점수를 보니까 똑같이 주셨더라고요. 그 사람이나 저나. 제게 단 1점만 더 주셨더라도 제가 됐을 텐데 어떻게 그러실 수가 있죠?"

그는 급기야 울부짖기 시작했다.

"제가 교수님 밑에서 온몸을 바쳐 최선을 다해 일한 게 벌써 10년이에요. 그런데 어떻게 그러실 수가 있어요? 어떻게요! 전 교수님이 너무 미웠어요. 너무 분해서 골탕 한 번 먹이고 싶었을 뿐인데! 흑흑흑."

결국 최선한은 범행 일체를 자백했다.

"정말 가실 줄은 몰랐어요. 퇴직하시기 전에 학계에 길이 남을 획기적인 논문을 발표하셔야 한다는 강박관념에 사로잡혀 계시긴 했지만.

그래도 한란을 찾아 태백산까지 가실 거라고는 정말 생각도 못했어요. 그리고 그곳이 그렇게 위험한 곳일 줄은……. 흑흑흑……."

고피운 교수의 장례식

고피운 교수의 장례식은 대학장으로 치러졌다. 평생 식물학자로서 그리고 대학 교수로서 밤낮을 가리지 않고 열심히 연구하고 가르쳤던 고 교수. 가족들뿐 아니라 같이 일했던 교수들, 그리고 학생들까지 수많은 사람들이 그의 마지막 가는 길을 지켜보았다. 영정이 고 교수의 연구실에 도착하자 모두 울음을 터뜨렸다.

박 교장은 아이들을 데려오고 싶지 않았다. 아이들에겐 아직 보여 주고 싶지 않았기 때문이다. 그러나 달곰이가 막무가내로 오겠다고 나섰다. 아주 어렸을 때부터 고 교수의 책을 보며 식물에 관심을 갖고 좋아하게 된 달곰이에게 고 교수는 꿈과 같은 존재였기 때문이다. 결국 달곰이 때문에 다른 아이들까지 다 따라나서게 되었다.

그렇게 장례식이 끝나고, 학교로 돌아온 아이들은 공부할 의욕도 별로 안 생기고 기운도 없었다. 그래서 각자의 방에 쓰러져 쉬고 있는데 어 형사가 부르는 소리가 났다.

"얘들아, 빨리 나와 봐. 빨리! 안 나오면 후회한다!"

무슨 일인가 싶어 나와 봤더니, 글쎄 어 형사가 휴게실 가운데 엄청나게 큰 나무 화분을 들여놓은 것이다.

"우아, 이게 뭐예요?"

"어, 여긴 산소가 좀 부족한 거 같아서. 나무는 불필요한 이산화탄소를 먹고 대신 우리에게 꼭 필요한 산소를 만들어서 선물하잖아. 고피운 교수님은 그런 교수님이셨어. 너희도 그렇게 기억하라고."

"네."

모두 숙연해져 대답했다. 그러자 어 형사, 더 분위기 잡으며 하는 말!

"그런데……. 지금 내가 한 말 너무 멋지지 않니? 어때, 환상적이지? 지적이지?"

으이그~, 어 형사의 진지 모드가 오래갈 리가 없지! 어 형사 덕분에 아이들의 얼굴에는 웃음꽃이 활짝 피었다.

달콤이가 들려주는
사건 해결의 열쇠

정학해 선생님의 스승인 고피운 교수님의 실종을 다룬 '식물학자 실종 사건'! 이 사건을 해결하는 열쇠는 바로 식물마다 잘 살 수 있는 기후나 지형이 다르다는 것을 아는 거야.

💡 식물이 자라는 환경

응달에서 잘 자라는 이끼를 햇빛 잘 드는 양달로 옮기면 어떻게 될까? 또 연꽃같이 축축한 땅을 좋아하는 식물을 메마른 땅에 가져다 심으면? 결과는 해 보지 않아도 알겠지? 살 수 없을 거야.

식물은 종류에 따라 자라는 조건이 달라. 그중에서도 햇빛, 온도, 강수량 등의 기후 조건이 가장 중요해. 토양의 성분, 지형 등을 비롯하여 같은 곳에서 사는 식물과 동물 등도 식물이 사는 환경을 결정하지.

💡 높이에 따른 식물 분포

높이에 따라 식물의 분포가 달라지는 것은 아주 재미있는 현상이야. 그 현상을 가장 뚜렷하게 보여 주는 곳이 바로 제주도의 한라산. 일반적으로 고도가 100미터씩 높아질 때마다 0.5~0.6℃씩 낮아진다고 하니까, 한라산의 맨 아래와 높이 1950미터인 산꼭대기의 기온 차이는 약 10℃나 되는 거지. 그래서 해안가에서 산꼭대기로 올라가면서 난대성 식물, 초원지대, 활엽수림, 침엽수림, 관목, 고산 식물이 차례대로 나타나는 수직적인 분포를 보여.

〈한라산의 높이에 따른 식물 분포〉

💡 기후에 따라 달라지는 꽃 피는 시기

또 한 가지 재미있는 것은 바로 기후에 따라 꽃 피는 시기도 달라진다는 거야. 3월에 서울의 기온과 부산의 기온, 그리고 저기 북한 신의주의 기온이 다 똑같을까? 당연히 북으로 갈수록 점점 춥지. 그래서 봄은 남쪽에서부터 온다고 하는 거야.

봄꽃의 대표 주자 왕벚꽃은 경상남도 진해 부근에서는 3월 말에 피기 시작하는데, 서울 근처에서는 보통 4월 초에서 중순에 피기 시작하지. 진해와 서울은 평균 기온이 2℃ 차이가 나. 결국 왕벚꽃은 평균 기온이 1℃ 낮으면 1주일 늦게 피는 셈이지. 평지에서는 4월 초에 피는 진달래꽃이 산 정상에서는 4월 말이 되어야 볼 수 있는 이유도 온도에 따라 꽃 피는 시기가 달라지기 때문이지.

그러나 모든 식물이 온도의 변화만을 아는 것은 아니야. 어떤 식물은 밤낮의 길이에 따라 1년 중 정확한 시기에 꽃을 피우지. 예를 들어 무궁화꽃은 밤의 길이가 가장 짧은 하지가 가까워지면 꽃을 피우는 역할을 하는 호르몬인 개화 호르몬을 만들기 때문에 한여름에 꽃이 피어. 국화와 같은 식물은 밤이 길어지기 시작하는 때에 개화 호르몬이 만들어지기 때문에 가을에 꽃이 피지.

〈왕벚꽃이 피는 시기〉

그러니까 잘 생각해 봐. 제주도에서도 특히 일부 지역에서만 자라는 **난대성 식물인 천연기념물 '한란'**이 갑자기 태백산에서 자랄 수 있겠냐고. 당연히 불가능하지. 새로운 것을 찾아내야만 한다는 고피운 교수님의 철저한 학자다운 자세가 그를 죽음에 이르게 한 원인 중 하나라고 볼 수 있지. 어때, 이젠 알겠지?

■ 핵심 과학 원리 – 전자석

사건 5

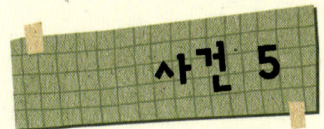

헬스클럽 트레이너의 죽음

“그래. 그런데 큰일 났어. 너 우리 아랫집 총각 알지?
아파트 상가에 있는 헬스클럽 트레이너!”
순간, 요리는 불길한 예감이 들어 그만 벌떡 일어나 앉았다.

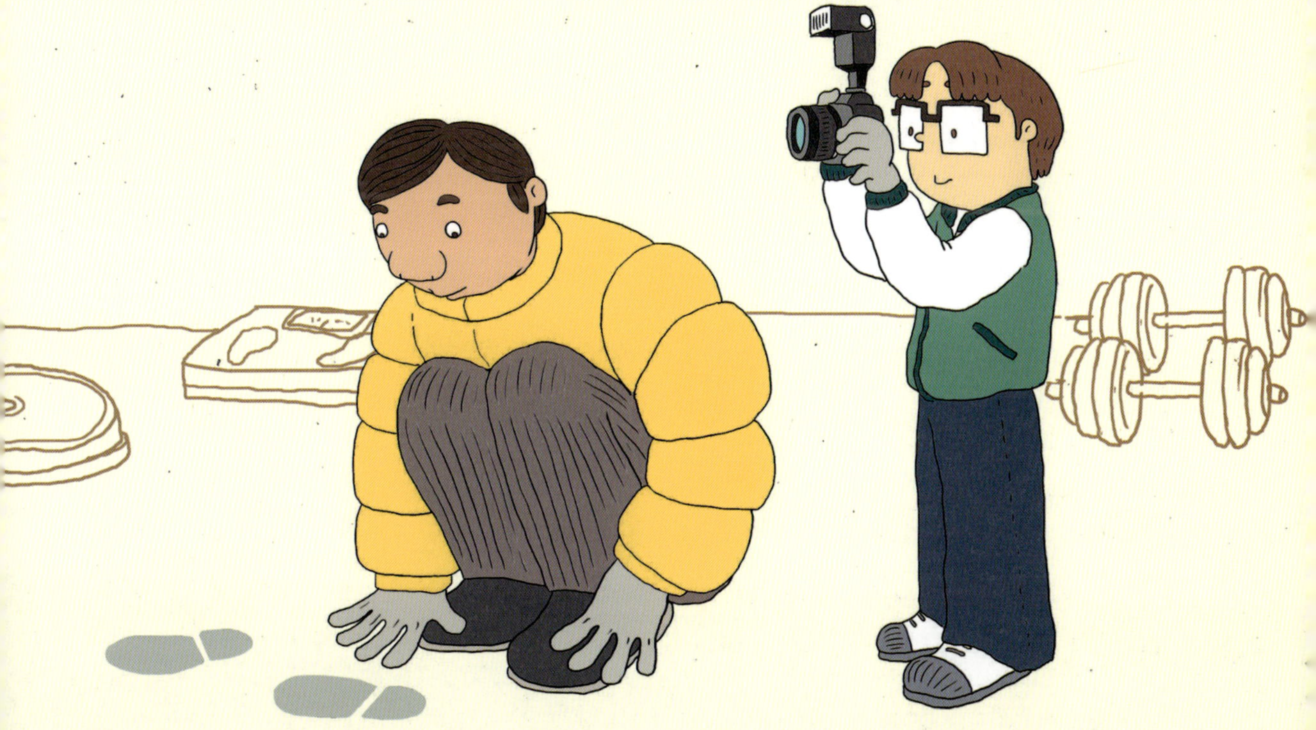

엄마의 전화

　요리는 지난밤 거의 잠을 자지 못했다. 진급 시험이 코앞으로 다가오고 내야 할 숙제도 산더미였는데, 요 며칠 '식물학자 실종 사건' 때문에 거의 공부를 못했기 때문이다. 겨우겨우 수업을 마치고 졸린 눈을 비비며 방으로 돌아온 요리. 잠깐 눈 좀 붙이려고 침대에 누웠는데, 바로 휴대 전화 벨이 울렸다. 천근만근 무거운 몸 때문에 일어나기도 힘들어 그냥 뒀더니, 빨리 받아 달라고 계속 시끄럽게 울어 댄다. 신경이 곤두서 더 이상 참을 수 없게 된 요리는 볼멘소리로 전화를 받았다.

"여보세요?"

"요리니?"

　요리 엄마였다. 하루에 한 번씩 안부 전화를 하는데, 오늘은 목소리가 착 가라앉아 요리는 순간 왠지 모를 긴장감이 느껴졌다.

"어, 엄마! 전화 일찍 했네."

"그래. 그런데 큰일 났어. 너 우리 아랫집 총각 알지? 아파트 상가에 있는 헬스클럽 트레이너!"

　순간, 요리는 불길한 예감이 들어 그만 벌떡 일어나 앉았다.

"알아. 그런데 무슨 일 있어?"

"주, 죽었어. 어제……."

　요리는 온몸에 전기가 흐르면서 힘이 쫙 빠지는 게 느껴졌다. 그와 친하지는 않았지만 엄마가 그 헬스클럽에 다니고, 또 아랫집인 탓에 가끔 엄마 심부름으로 음식을 갖다 주러 갔었다. 그때마다 그는 운동을 하고 있었는지 줄줄 흐르는 땀을 닦으면서 하얀 이를 드러내고 씩 웃어 주곤 했다. 고맙다면서.

"요리야, 괜찮니? 듣고 있니?"

전화로 엄마의 다급한 목소리가 들리자 요리는 다시 정신이 들었다.

"어, 괜찮아. 그런데 어떻게 된 거야?"

요리 엄마는 사건에 대해 대강의 이야기를 전해 주었다. 어제 아침 갑자기 경찰차가 오고 난리가 나서 무슨 일인가 나가 봤더니 그 아저씨가 죽었다는 것이었다. 그것도 역기에 목이 눌려 숨이 막혀서.

"그런데 이상하지 않니? 매일 역기를 들었다 놨다 하는 걸 밥 먹듯이 했던 사람인데 어떻게 역기에 눌려서 그런 일을 당하니!"

요리도 엄마와 같은 생각이 들었다. 요리가 그 아저씨에게서 받은 인상은 정말 '튼튼'과 '유쾌'였다. 울퉁불퉁 튼튼한 근육질의 몸매에 언제나 하얀 이를 드러내며 밝고 유쾌하게 웃던 사람.

'그 아저씨가 왜? 도대체 무슨 일이 있었던 걸까?'

요리는 정말 이상하다는 생각이 들었다.

이상한 죽음

요리의 보고를 받고 박 교장은 잠시 망설였다. 이제 며칠 후면 진급 시험이 있는데, 공부하기 바쁜 아이들이 또 새로운 사건에 개입하면 안 될 것 같은 생각이 들었다. 게다가 이렇게 계속 사건 해결에만 매달리다가는 아이들 스스로 공부를 뒷전으로 미루지 않을까 걱정이 되었다. 그래서 박 교장은 조금은 단호한 투로 말을 꺼냈다.

"그래. 걱정은 되겠지만 이번 일은 그냥 경찰에 맡기거라. 시험도 얼마 남지 않았으니까."

"맞아, 맞아. 너희 공부해야지. 공부."

어 형사까지 거들자 요리는 꽤 실망한 듯 말했다.

"하지만 그 아저씨는 제가 잘 알던 아저씨예요. 왜 그런 끔찍한 일이 일어났는지 확실하게 알고 싶어요."

그러나 박 교장은 완강했다.

"좋아! 그럼 일단 나랑 어 형사가 알아볼 테니까 너희는 우선 공부부터 열심히 하거라."

"그래, 그래. 이번 시험 못 보면 너희 어떻게 되는지 알지? 괜히 떨어져 놓고는 잉잉잉 붙여 주세요, 붙여 주세요, 하면 안 된다! 알았지?"

어 형사가 우는 시늉까지 내며 말하자 요리도 기분이 풀려 대답했다.

"네."

"좋아. 그럼 모두 다 함께 외쳐 볼까요? 열공, 열공, 파이팅!"

"열공, 열공, 파이팅! 하하하하."

요리가 돌아가자, 박 교장은 관할 경찰서에 전화를 걸었다. 서장의 말에 따르면 밖에서 사람이 들어온 흔적이 전혀 없고, 타살 흔적도 발견되지 않았기 때문에 사고로 죽었을 거라고 생각하고 있지만, 그래도 처음 신고한 피해자의 애인을 유력한 용의자로 보고 조사하고 있다고 한다.

"안 되겠군. 가 보지."

박 교장과 어 형사는 아이들과 약속한 대로 사건 현장으로 가 보았다.

강철. 나이 26세. 짱짱 헬스클럽 트레이너. 부모님은 시골에 있고 현재 혼자 살고 있음. 이름만큼이나 건강하고 밝은 성격으로, 헬스클럽 손님이나 이웃에게 좋은 인상을 주던 청년이었음.

사건 현장에 있는 역기를 보자마자 어 형사는 놀라 수선을 떨었다.

"어머나, 어머나! 이, 이렇게 무거운 걸 어떻게 들었대요? 정말 깔려 죽을 만한데요. 혹시 여지껏 한 번도 들어 본 적 없는 무게였는데 괜히 무리해서 들려다가 변을 당한 게 아닐까요? 혼자 사니까 내려놓는 걸 도와줄 사람도 없었을 테고……."

조금 황당한 추리였으나 박 교장도 현재 별다른 생각이 들지 않았다.

"일단 헬스클럽 원장이랑 애인인가 하는 여자부터 만나 보자고."

　박 교장과 어 형사가 헬스클럽을 찾았을 때 헬스클럽 입구에는 '금일 휴업'이라는 안내판이 걸려 있었다.

　"아무도 없는 거 같은데요!"

　그래도 혹시나 해서 헬스클럽이 있는 지하 계단으로 내려가는데 마침 한 사람이 올라오고 있었다. 딱 보기에도 건장한 체구에 시커멓게 그을린 피부. 딱 헬스클럽 원장 같아 보였다.

　"저, 혹시 짱짱 헬스클럽 원장님?"

　"네! 그런데요."

　원장의 안내로 헬스클럽으로 들어가 마주 앉아 보니, 원장은 꽤 지치고 슬퍼 보였다. 많이 운 것 같았다.

"믿어지지 않아요. 철이가 죽다니! 제가 친동생처럼 여겼던 앤데. 학교 다닐 때부터 벌써 4년째 여기서 일했거든요."

원장은 울먹이며 말을 이었다.

"그리고 아무리 생각해도 좀 이상해요. 그 정도 무게는 언제나 거뜬히 드는 애였는데 그 역기에 눌리다니, 정말 말도 안 되는 일이에요."

원장의 말에 따르면 아까 어 형사의 추리는 말도 안 된다는 소리. 그렇다면 도대체 이유가 무엇이란 말인가?

"그럼 혹시 뭐 원한 살 만한 사람은 없었습니까?"

어 형사가 묻자 원장은 손까지 내저으며 강하게 부인했다.

"아유, 그런 일 전혀 없었어요. 덩치는 그렇게 커도 맘이 워낙 약해서 남한테 싫은 소리 하나 못하던 애예요. 그러니까 2년 내내 따라다니는 여자한테 싫어도 싫단 말도 못하고 그랬죠."

"여자요? 아, 처음 발견해서 신고했다는 그 애인이라는 분?"

"애인은 무슨! 애인 아니에요. 우리 헬스클럽 손님이었는데 철이 보자마자 반해서 계속 일방적으로 따라다닌 거예요."

순간, 박 교장과 어 형사의 눈빛이 번쩍 마주쳤다. 뭔가 수상한 냄새.

"혹시 그 아가씨 연락처 아세요?"

"한순정이라고. 저기 밑에 사거리 은행에 다니는 아가씨예요."

한순정을 만나다

박 교장과 어 형사가 은행에 가서 한순정을 찾자, 어제 갑자기 결근을 하더니 여태 연락이 되지 않는다고 했다. 그래서 한순정의 집으로 찾아갔지만 집에도 없는 듯했다. 박 교장은 학교로 돌아가고 어 형사만 그녀의 집 앞에서 기다리고 있는데, 갑자기 집 안에서 전등불이 켜졌다.

'안에 있었구나!'

어 형사는 얼른 문을 두드리며 소리 높여 그녀를 불렀다.

"한순정 씨! 한순정 씨! 안에 있는 거 다 알아요. 빨리 나오세요. 아니면 의심받을 수 있어요. 빨리요."

어 형사의 말에 놀랐는지 다시 불이 꺼졌다. 어 형사는 다시 소리 높여 한순정을 불렀다.

"빨리 나오세요. 아니면 강제 연행할 수도 있습니다."

어 형사의 말에 한순정은 겁이 났는지 얼른 문을 열고 나왔다. 조금은 뚱뚱한 체구에 예쁘다고는 할 수 없는 얼굴. 게다가 내내 울었는지 얼굴이 퉁퉁 부어 있었다. 한순정은 울먹이며 말했다.

"경찰서에 가서 조사 다 받았어요. 왜 또 그러세요?"

"죄송합니다. 잠깐이면 됩니다."

한순정은 할 수 없다는 듯 문을 열어 주었다. 그녀를 따라 방으로 들어가 보니, 정말 하루 종일 운 듯 여기저기 휴지가 널려 있었다. 여자는 황급히 방 안을 치우고는 어 형사에게 방석을 내밀었다.

"무슨 일로 온 지는 다 아실 테고, 왜 집에 있으면서 문을 안 열었죠?"

"무, 무서워서요. 그냥 무서워서요."

한순정은 또다시 울음을 터뜨렸다.

"강철 씨를 쫓아다녔다고 하던데, 맞나요?"

"네. 2년 전 운동하러 갔다가 만났어요. 그런데 너무 멋있어서. 그렇지만 사귄 건 아니에요. 철이 씨는 저를 거들떠보지도 않았거든요."

"그런데 어떻게 처음 발견해서 신고를 했죠?"

"그저께 제가 일방적으로 놀이터에서 기다리겠다고 했거든요. 그런데 끝내 안 나타나더라고요. 그래서 혹시 어디 아픈가 하고 아침 일찍 죽 만들어서 가지고 갔는데……."

"문이 잠겨 있었을 텐데 어떻게 들어갔죠?"

"열쇠를 갖고 있었어요."

"열쇠를요? 애인도 아니라면서 열쇠를 줬을 리는 없을 텐데……."

"죄, 죄송해요. 혹시 필요할까 싶어서 헬스클럽에서 철이 씨가 열쇠를 떨어뜨렸을 때 복사해 놓았어요. 빨래라도 해 주고 싶어서……."

혹시 필요할까 싶어 미리 열쇠를 복사해 놓았다? 정말 의심 가는 말이었다. 어 형사는 다시 물었다.

"좋아요. 그럼 들어갔더니 어떻게 되어 있던가요?"

"들어갔더니, 들어갔더니……. 철이 씨~, 철이 씨~."

한순정은 목 놓아 울기 시작했다. 이 여자의 말이 정말일까? 아니면 거짓일까? 혹시 자신의 사랑이 받아들여지지 않자 범행을 저지른 건 아닐까? 그렇다면 그 무거운 역기를 어떻게 들었단 말인가. 게다가 강철이 훨씬 힘이 셀 텐데 여자에게 가만히 당하고만 있을 리도 없지 않은가? 의문이 꼬리에 꼬리를 물고 생겨났다.

한순정은 계속해서 목 놓아 울고 있었다. 어찌 됐든 사랑하는 사람이 죽었다. 그 슬픔에 이틀 내내 그녀는 울고 또 울고 있는 것이다. 우는 모습이 마음에 걸렸지만 어쩔 수 없는 일이었다. 만약 사고로 죽은 것이 아니라면 현재 상황에서 한순정은 가장 유력한 용의자였다.

요리의 슬픔

요리는 도저히 가만히 기다릴 수 없었다. 박 교장의 말에 따르면 강철을 따라다니던 여자가 있었고, 그 여자가 사건 현장을 처음 발견해 신고했다고 한다. 그녀의 이름은 바로 한순정.

결국 기다리다 못해 요리는 현관까지 나와서 어 형사를 기다렸다. 한참을 기다리자 어 형사가 돌아왔다. 먼저 요리를 발견한 어 형사는 영문도 모르고 좋아서 장난을 쳤다.

"아유, 우리 요리! 오빠 보고 싶어서 기다렸어?"

그러나 요리는 잔뜩 걱정 어린 표정으로 물었다.

"정말 순정이 언니가 용의자 맞아요? 정말이에요?"

"왜? 요리, 아는 사람이니?"

그러자 요리는 힘없이 고개를 푹 수그리며 대답했다.

"네. 저희 이종 사촌 언니예요."

"뭐?"

순간 깜짝 놀라 할 말을 잃은 어 형사. 그러자 요리는 어 형사에게 애원하듯 매달리며 말했다.

"그럴 리가 없어요. 시골에서 고등학교 나오고 은행에 근무하다가 서울로 발령받아 올라온 거예요. 얼마나 착하고 예쁜 언닌데요. 정말 순정 언니는 아니에요."

'한순정이 요리의 사촌 언니라니! 이럴 수가! 이 어린아이가 얼마나 놀랐을까!'

어 형사는 요리가 측은해 마음이 아팠다.

"그래, 그래. 걱정 마, 요리야. 내가 가서 만나 보니까 정말 아닌 것 같더라. 아니, 정말 아니었어. 그러니까 걱정 마."

그러자 요리는 이미 결심한 듯 어 형사에게 말했다.

"어 형사님, 제가 가 봐야겠어요. 그러니까 어 형사님이 교장 선생님께 말씀 좀 드려 주세요. 네?"

어 형사는 더 이상 거절할 수 없었다. 그래서 호언장담을 해 버렸다.

"알았어. 알았어. 내가 내일 교장 선생님께 말씀드려 줄 테니까 걱정 말고 자. 알았지?"

"네. 고맙습니다."

인사를 하고 축 처진 어깨를 하고는 방으로 돌아가는 요리를 보니, 어 형사는 더 가슴이 아팠다. 그리고 아까 만난 한순정의 얼굴이 떠올랐다. 울어서 퉁퉁 부은 그 얼굴이.

현장에 가 보다

다음 날 수업이 끝나자마자 아이들과 어 형사는 사건 현장에 갔다. 유력한 용의자가 요리의 사촌 언니라는 말을 들은 박 교장은 아이들을 보내 줄 수밖에 없었다. 하기야 막는다고 안 갈 아이들도 아니었다.

혜성이는 이제까지 한 번도 보지 못했던 요리의 태도가 자꾸 마음에 걸렸다. 마냥 즐겁기만 한 아이인 줄 알았는데, 이번 사건 때문에 충격이 큰 것 같았다. 뭔가 위로의 말이라도 하고 싶은데 어떻게 해야 할지 몰라 그냥 가만히 보고만 있을 수밖에 없었다.

요리는 아이들이 참 고마웠다. 요리의 이야기를 듣고는 아이들 모두가 함께 가겠다고 나서 주었기 때문이다. 다들 시험 때문에 마음의 여유도 시간의 여유도 없을 텐데 말이다.

가는 도중 어 형사가 전화로 부검 결과를 확인했다. 예상했던 대로 사망 원인은 '호흡기 압박에 의한 질식사'로 밝혀졌다. 말 그대로 역기에 목이 눌려 숨을 쉬지 못해 사망한 것이다. 그리고 사건 현장에서 발견된 지문을 분석한 결과, 현관문에서만 한순정의 지문이 나왔을 뿐, 역기나 다른 모든 것에서는 다 강철의 지문만 나왔다고 했다. 그 말을 들은 요리는 일단 안도의 한숨을 내쉬었다.

강철의 집에 들어서자 요리는 울컥 눈물이 났다. 이 문 앞에 서서 반갑게 맞아 주던 강철의 모습이 떠올랐던 것이다.

그가 죽었다는 사실이 믿기지 않지만, 지금은 보다 냉철해야 할 때.

'순정 언니의 혐의를 벗겨 줄 만한 증거를 찾아내야 해. 그래야만 해!'

요리와 아이들은 조심조심 사건 현장을 둘러보았다. 평소 깔끔했던 것으로 기억하던 방은 생각보다 꽤 어지러웠다. 그러나 아무리 둘러봐도 특이한 점은 발견할 수 없었다. 요리는 다시 걱정이 되기 시작했다.

'만약 순정 언니의 혐의를 벗겨 줄 아무런 증거도 찾지 못한다면?'

그때였다. 역기 주변을 살피던 영재가 낮은 목소리로 중얼거렸다.

"이상하네."

순간 모두의 눈이 영재에게 쏠렸다. 요리가 얼른 다가가서 물었다.

"이상해? 뭐가?"

"잘 봐. 여기 역기 주변에 떨어져 있는 물건들 말이야. 모두 쇠붙이가 있는 물건이잖아. 그리고 모두 역기를 향해 놓여 있어."

정말 영재의 말을 듣고 보니, 병따개, 가위, 아령 등 하나같이 쇠붙이가 포함된 물건들이 역기 주변에 떨어져 있었다. 그것도 마치 역기가 불러서 모인 것처럼 일제히 역기를 향해 있었다. 그러자 이번엔 아까부터 텔레비전을 유심히 살펴보던 혜성이가 이상하다는 듯 말했다.

"이 텔레비전 켜져 있었던 것 같은데, 색깔이 이상하게 변했어."

혜성이의 말을 듣고 보니, 정말 텔레비전이 이상했다. 그러자 영재는 알았다는 듯 작지만 확신에 찬 목소리로 말했다.

"그렇다면 자석이네."

"자석?"

자석이라니? 그럼 자석이 여기 있는 쇠붙이들을 다 끌어당겼고, 텔레비전도 고장 냈단 말인가?

"그래. 여기에 아주 강력한 자석이 놓여 있었던 거야. 그래서 방 안에 있던 모든 쇠붙이들이 다 여기로 몰려들었고, 그 강력한 자석 때문에 텔레비전도 고장 나 버린 거지. 역기 역시 쇠붙이니까 자석에 끌려 계속 내려가려고 했을 테고, 결국 강철 아저씨가 그 힘을 이기지 못했기 때문에 사고가 난 거지."

영재의 말에 달곰이가 이의를 제기했다.

"말도 안 돼! 역기를 끌어당길 정도로 강력한 자석이 어디 있어?"

그러자 영재가 대답했다.

"있지. 전자석. 전자석이라면 가능해."

"전자석?"

"그래. 폐차장이나 고물상에서 쓰는 커다란 기중기 있지? 거기에 쓰는 것이 바로 전자석이야. 전자석은 세기를 얼마든지 조절할 수 있기 때문에, 엄청나게 무거운 물건도 끌어당길 수 있어."

그런데 혜성이가 문제를 제기했다.

"센 자석이라면 네오디뮴 자석 같은 영구 자석도 있는데, 전자석이라

텔레비전에 자석을 가까이 대면 왜 화면이 찌그러질까?

텔레비전 브라운관 안에는 '전자총'이라는 것이 세 개 있는데, 각각 빨간색, 파란색, 초록색 전자 빔이 나와. 여기에 자석을 갖다 대면 전자 빔이 자석에 끌려 휘기 때문에 색이 울긋불긋해지는 거야. 물론 자석이 아주 약한 것이면 자연적으로 없어지지만 센 자석이면 그대로 고장 나게 되지. 그러니까 자석을 텔레비전 가까이에 대지 않도록 조심해야겠지?

고 단정할 수 있어?"

영재는 자신 있게 대답했다.

"네오디뮴 자석이라면 옮기는 과정에서 온 동네 쇠붙이들을 다 끌고 다닐 텐데, 그런 위험을 감수하진 않겠지. 전자석은 전기를 연결할 때에만 자석이 되니까 범행에 쓰기 쉬워."

그러자 이번엔 요리가 심각한 표정으로 물었다.

> ### 네오디뮴 자석이란?
>
> 일단 네오디뮴이 무엇인지 궁금하지? 네오디뮴(Nd)은 은백색의 금속 원소야. 공기와 닿으면 쉽게 부서지고, 뜨거운 물에 담그면 수소가 나오지. 이 네오디뮴을 철과 붕소(붕산의 주성분)와 결합하여 자석으로 만든 것이 네오디뮴 자석이야. 현재 존재하는 가장 강력한 영구 자석이지. 두 자석끼리 붙으면 사람의 힘으로 떼지 못할 정도로 강력해. 이 자석의 가장 큰 단점은 열에 약하다는 건데, 80℃ 이상이면 자석의 힘을 잃어버리지.

"그렇다면 바로 여기 역기 밑에 자석이 있었다는 얘긴데, 그 자석은 어디로 간 거지? 사건 직후 범인이 치웠을까?"

하지만 침입의 흔적도 없고, 지문도 안 나왔으니 이를 어쩐단 말인가! 그런데 바로 그때였다. 이제껏 아무 말도 하지 않고 듣고만 있던 어 형사가 확신에 찬 목소리로 말했다.

"그럼 아랫집이겠지. 바로 이 아랫집!"

"아랫집이요?"

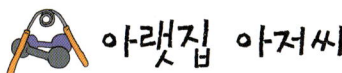 아랫집 아저씨

아랫집 아저씨. 이름 양전기. 나이 32세. 전기 회사 직원.

요리의 말에 따르면 이사 온 지 여섯 달 정도 된 혼자 사는 남자였다. 어 형사와 요리는 아래층으로 내려가 벨을 눌러 보았다. 그러나 아무리 눌러도 인기척이 없었다. 할 수 없이 경비에게 물어보았다.

"요즘엔 통 안 보이더라고."

"어제, 그제 못 보셨어요?"

"그렇다니까. 물론 내가 항상 자리 지키고 있는 건 아니니까. 그사이 왔다 갔다 했는지는 모르지만 내가 직접 보지는 못했어."

요리는 적잖이 실망했다. 그리고 도망간 건 아닐까 하는 생각에 조급한 마음도 들었다. 사실 요리도 그 아저씨를 본 적이 있긴 했다. 약간은 어두운 느낌이 나는 아저씨였는데 그다지 특이할 정도는 아니었다. 그런데 요리가 막 돌아서려는 순간, 경비 아저씨가 요리를 불러 세웠다.

"자, 잠깐! 요리야, 생각해 보니까 좀 이상한 일이 있긴 했어."

"뭐, 뭐가요?"

요리와 어 형사가 다급하게 물었다.

"한 일주일 전에 그 사람이 뭔가 꽤 커다란 물건을 가지고 들어갔어. 무거워 보여서 도와주겠다고 하니까 신경질을 내면서 거절하더라고."

"어떻게 생긴 물건이었나요?"

어 형사가 물었다.

"글쎄요. 커다란 상자에 들어 있어서 잘 못 봤어요. 그런데 무겁긴 되게 무거워 보였지요. 요 앞에 차를 세워 두고는 그 끄는 수레 있죠?

거기에 싣고 올라갔으니까."

순간, 요리와 어 형사는 뭔가 짚이는 게 있었다.

'그럼 혹시 그게?'

"참! 그 사람이 지난 달까지 위층 총각한테 거의 매일 인터폰을 했어."

"인터폰을요? 왜요?"

"시끄럽다고. 한밤중에 운동해서 시끄럽다고."

순간, 어 형사와 요리의 눈이 반짝 빛났다. 뭔가 감이 오는 것 같았다. 어 형사가 물었다.

"저기 CCTV가 있는데 혹시 저장된 테이프 있나요? 그 사람이 짐을 갖고 들어온 날부터 보고 싶은데요."

전자석을 발견하다

학교로 돌아온 어 형사와 아이들은 곧바로 경비가 건네 준 테이프를 샅샅이 살펴보았다. 경비의 말대로 사건 일주일 전, 한 남자가 고개를 푹 숙이고는 무겁고 큰 상자를 나르고 있었다. 그러나 이후 자료에는 그 상자를 다시 가지고 나가는 모습을 전혀 볼 수 없었다.

"그렇다면 혹시 가전제품 같은 거 아니었을까? 그렇다면 그냥 집에서 쓰는 거니까 다시 밖으로 가지고 나올 리가 없잖아."

혜성이의 말에도 일리가 있었다.

"아니면 아직 집 안에 있는 거 아닐까?"

달곰이가 말하자 모두 그럴 수도 있다는 생각이 들었다. 사건 발생 후 괜히 이상한 물건을 가지고 나가면 의심받을 테니까 조용히 집 안에 두었을 수도 있다. 그렇다면 방법은 하나! 직접 그 집에 가 보는 것이다.

결국 다음 날, 경찰이 나서서 굳게 닫힌 아랫집 문을 열었다. 안으로 들어가자, 실내는 아주 컴컴하고 우중충한 분위기였다. 여기저기 전기 용구들이 널려 있었고, 먹다 남은 음식 용기들도 그대로 남아 있었다.

그런데 집 안에 들어가자마자 모두들 깜짝 놀랄 만한 상황이 펼쳐져 있었다. 거실 한가운데 식탁을 놓고, 그것도 모자라 그 위에 작은 장식장 두 개를 쌓은 다음, 제일 위쪽에 커다란 기계를 떡 하니 올려놓은 것. 그리고 그 기계는 긴 줄로 전원에 연결되어 있었는데, 위층에서와 마찬

가지로 그 주변에는 여러 종류의 쇠붙이로 된 물건들이 떨어져 있었다.

"전자석이다!"

영재가 소리쳤다.

"음……. 예상했던 대로군."

어 형사도 예상은 했지만 실제 이런 일이 있었을 거라고는 생각지도 못했다. 그때였다. 영재가 요리에게 말했다.

"요리 누나, 내가 전자석 스위치를 켤 테니까 위에 올라가서 어떻게 되나 잘 봐 줘."

"알았어."

"아, 잠깐! 휴대 전화 같은 전자제품은 모두 집 밖으로 내놓으세요. 고장 날 수 있으니까요."

"그래. 알았어."

요리는 달곰이와 함께 위층으로 올라갔다. 그리고 영재는 전자석의 스위치를 켰다. 그러자 순식간에 혜성이가 들고 있던 숟가락이 전자석에 확 달라붙었다. 전자석 밑에 떨어져 있던 다른 물건들도 다 마찬가지였다. 잠시 후, 요리와 달곰이가 뛰어 내려왔다.

"맞아, 영재야! 바로 그거야. 역기 밑에 있던 쇠붙이들이 다 이 위로 몰려들었어."

그러자 어 형사는 얼른 경찰을 향해 소리쳤다.

"빨리 양전기 수배해!"

은근한 관심

다음 날, 박 교장, 어 형사, 아이들은 모두 요리 엄마가 차린 떡 벌어진 저녁상 앞에 앉아 있었다.

"공부하느라 바쁠 텐데 사건 해결해 주어서 정말 고맙다. 난 순정이가 그렇게 애태우고 있는지도 몰랐어. 우리 집에 데리고 있었어야 했는데, 나 불편할까 봐 혼자 있고 싶다고 한 걸 그냥 뒀으니……."

어 형사는 다시 한순정의 얼굴이 떠올랐다. 그러고는 참 다행이라는 생각이 들었다. 그래서 은근히 관심을 나타내며 물었다.

"그럼 그 아가씨도 오라고 하시죠. 혐의도 벗었으니……."

"지금 안방에서 자고 있어요. 그동안 얼마나 긴장을 했는지 혐의 벗었다는 말 듣자마자 쓰러져 잠이 들었어요."

그러자 혜성이가 괜히 슬쩍 떠보듯 장난을 쳤다.

"어, 어 형사님! 순정이 누나한테 관심 있나 봐요? 그렇죠?"

그러자 어 형사가 당황하더니 강력하게 부인을 했다.

"무슨 소리야! 아니야, 정말 아니야!"

"어, 그러니까 더 의심이 가는데요?"

"뭐라고? 나혜성! 군기가 빠졌군. 학교에 가면 운동장 열 바퀴다!"

"아이, 그러는 게 어딨어요? 괜히 찔리시니까."

"뭐라고?"

"하하하!"

어 형사와 혜성이의 실랑이에 모두 웃음이 터졌다. 그리고 환하게 웃는 요리의 모습을 보니 혜성이도 마음이 놓였다.

열공, 열공, 파이팅!

맛있는 저녁을 먹고 학교로 돌아오자, 박 교장이 아이들을 불렀다.

"양전기, 방금 잡았다."

"잡았어요? 어디에 있었어요?"

"고향 집에 숨어 있었고, 경찰이 가니까 범행 일체를 자백했대."

"왜 그랬대요?"

"말로는 죽일 생각까지는 없었대. 양전기는 대인 기피증에 신경 쇠약까지 걸려 있었다는구먼. 그러니 매일 밤만 되면 쿵쾅거리고 운동하는 피해자가 다른 사람보다 더 거슬렸던 거지. 매일 밤 전화도 하고 올라가서 주의를 주었지만 전혀 개선되지 않으니까 화가 난 모양이야. 게다가 웃으며 미안하다고만 하는 피해자가 더 미웠다나 봐."

그러자 어 형사가 농담하듯 말했다.

"아유, 이제 맘대로 운동도 못하겠네요. 무서워서."

"양전기의 경우는 좀 특별한 경우이긴 하지만 남에게 피해를 주는 것은 좋지 않지. 자신은 별것 아니라 생각하고 하는 행동이 다른 사람에게는 많은 괴로움을 줄 수도 있으니까."

그러자 어 형사가 갑자기 아이들을 보며 험상궂은 표정으로 말했다.

"알았지? 그러니까 너희도 명심해라. 너희 중에 한 명이라도 진급 시험 통과 못하면 전원 기합이다!"

"아이, 그러는 게 어딨어요?"

"어딨긴. 여기 있지! 너희가 누구냐! 어린이 과학 형사대 아니냐! 한 명이라도 빠지면 어떻게 되겠냐! 팥 없는 찐빵, 크림 없는 크림빵 아니냐! 그러니까 남한테 피해 입히는 일은 절대 하지 말도록. 알았나?"

맞다! 혜성, 요리, 달곰, 영재. 한 명이라도 빠지면 안 되지!

"자, 그럼 모두들 방으로 가서 열공하시도록! 열공, 열공, 파이팅!"

"열공, 열공, 파이팅!"

영재가 들려주는
사건 해결의 열쇠

요리네 아랫집에 사는 헬스클럽 트레이너의 죽음. 이 사건을 해결하는 열쇠는 바로 '전자석'이야. 전기가 흐를 때에는 자석이 되지만 전기가 흐르지 않으면 자석의 성질을 잃어버리는 신기한 자석, 전자석!

💡 자석의 성질

자석은 철을 끌어당기는 성질이 있는 물체를 말하지. 자석은 쓰임에 따라 모양과 소재가 가지각색이지만 기본적으로 가지는 성질은 다 똑같아. 그럼 자석의 성질, 하나씩 짚어 볼까?

1. 철 등의 금속을 끌어당긴다

자석이 가진 이러한 성질을 '자성'이라고 해. 만약 자석을 둘로 쪼개도 철을 끌어당길까? 맞아. 쪼개진 두 조각이 각각 철을 끌어당겨. 이처럼 자석은 아무리 잘게 쪼개도 항상 자성이 나타나지.

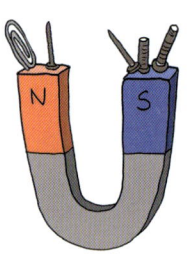

2. 자석에는 극, 즉 '자극'이 있다

'자극'이란 자석에서 금속을 끌어당기는 힘인 자기력이 가장 강하게 작용하는 부분을 말해. 자극에는 N극과 S극이 있어. 이 두 자극에서는 같은 극끼리는 서로 밀어내는

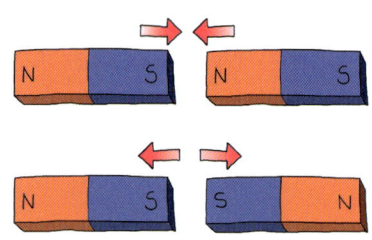

힘(척력)이 작용하고 다른 극끼리는 서로 잡아당기는 힘(인력)이 작용하지.

3. 자석의 N극은 항상 북쪽을 가리킨다

지구 역시 하나의 커다란 자석이야. 지구의 남극과 북극에서는 자석처럼 자기력이 나오거든. 그래서 막대 자석의 중간 부분을 실에 매달아 두면 N극이 항상 북쪽을 가리키게 되지. 이를 이용해서 사람들은 아주 오랜 옛날부터 방향을 찾았고, 이 성질을 이용한 도구가 나침반이야.

N극이 땅을 가리키네.
N극이 북쪽.
S극이 땅을 가리키네.
북극
남극

4. 자석에 닿는 금속은 자석이 된다

막대 자석으로 클립을 문지른 다음, 다른 클립에 가까이 대 봐. 클립이 붙지? 이처럼 자성이 없던 금속이 자석에 닿으면 자성을 가지게 돼.

💡 전자석이란?

전자석이란 전류가 흐를 때에만 자석의 성질을 띠는 자석을 말해. 전자석은 보통 쇠못과 같은 철심의 둘레에 구리선을 감고, 구리선에 전원을 연결하여 만들지. 이때 철심으로는 전류가 흐르지 않을 때 자석의 성질이 없어지는 연철을 주로 써. 쇠못을 철심으로 할 경우에는 쇠못을 한 번 달구었다가 자연 상태에서 식혀서 쓰면 돼.

전자석은 항상 자성을 띠는 영구 자석과는 몇 가지 다른 점이 있어.

① 달구었다가 식힌 쇠못에 종이를 감는다.

② 종이를 감은 쇠못에 에나멜선을 촘촘히 감는다.

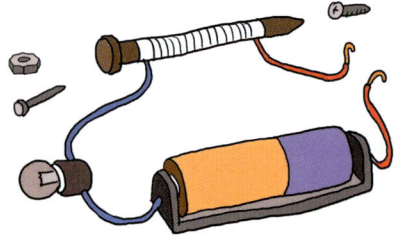
③ 쇠못에 감은 에나멜선의 끝을 벗기고 전기회로에 연결한다.

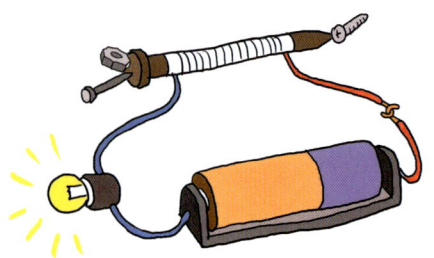
④ 전기회로의 스위치를 켠다!

〈전자석을 만드는 과정〉

1. 내가 원할 때에만 자석이 되게 할 수 있다

전자석은 전류가 흘러야 자성을 띠어. 그러니까 전류를 끊어 놓으면, 즉 스위치를 끄면 자석이 아니라는 말씀!

2. 자석의 극을 마음대로 바꿀 수 있다

전지의 (+)극과 (-)극의 연결을 바꾸면 전자석의 극도 반대로 바뀌어. 극이 바뀌었는지 알고 싶으면 전자석의 끝 부분에 막대 자석을 갖다 대 보면 되지. 같은 극끼리는 밀어내고, 다른 극끼리는 끌어당긴다! 자석의 기본 성질만 알고 있으면 되지.

3. 자석의 세기를 조절할 수 있다

전자석은 도선을 많이 감을수록, 센 전류가 흐를수록, 그리고 가운데 들어가는 철심을 더 굵은 것을 사용할수록 힘이 더 세져.

이러한 장점 때문에 우리 주변에서는 아주 많은 물건들이 전자석을 사용하고 있어. 고물상이나 폐차장에서 자석에 붙는 금속을 분류할 때 쓰는 기중기, 전기 에너지를 움직이는 동력 에너지로 바꾸는 모터 등에 전자석을 사용하지. 그 밖에도 소리를 내는 전화, 전신기, 스피커, 또 전철이나 엘리베이터에도, 그리고 선풍기나 세탁기까지! 어때? 정말 다양하지?

〈전자석을 이용하는 기중기〉

그러니까 생각해 봐. 헬스클럽 트레이너가 들고 있던 역기 역시 쇠붙이. 밑에서 아주 강력한 전자석으로 끌어당기니까 그대로 밑으로 끌리게 되면서 아무리 센 힘을 주어서 들어올리려 해도 전자석의 힘을 이길 수 없었던 거지. 어때, 이젠 알겠지?

#

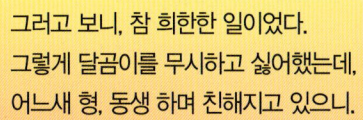

어린이 과학 형사대 CSI의 대 활약! 3권에서 계속됩니다.

특별 활동

CSI, 함께 놀며 훈련하다!

① 거꾸로 외줄 타는 원숭이

'최고야'보다 더 멋지고 신기하게 외줄을 타는 원숭이가 있대. 바로 거꾸로 외줄 타는 원숭이! 우리 같이 만들어 보자.

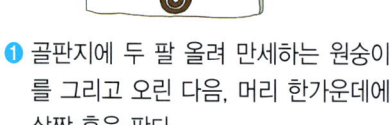

❶ 골판지에 두 팔 올려 만세하는 원숭이를 그리고 오린 다음, 머리 한가운데에 살짝 홈을 판다.

❷ 철사를 구부려 그림처럼 셀로판테이프로 원숭이의 팔에 붙인 다음, 고무 찰흙을 양쪽 철사 끝에 같은 무게로 붙인다.

❸ 기다란 실을 비스듬히 설치하고 높은 쪽에 원숭이를 거꾸로 세운 다음, 원숭이를 놓는다.

우아! 거꾸로 매달려 외줄을 쌩~. 진짜 멋진 원숭이지? 이는 원숭이의 머리가 받침점이 되고, 양손에 붙인 고무 찰흙이 무게 중심을 잡는 역할을 하기 때문이야. 물체의 형태나 질량에 따라 무게 중심이 달라지기는 하지만, 이렇게 무게 중심이 낮은 위치에 있을 때 모든 물체는 안정된 균형을 이룰 수 있거든. 이젠 잘 알겠지? 멋지게 외줄 타는 방법!

② 뱅글뱅글 다람쥐 통

전류가 흐르면 뱅글뱅글 잘도 도는 다람쥐 통이 있어. 어때? 재밌겠지? 그럼 같이 만들어 볼까?

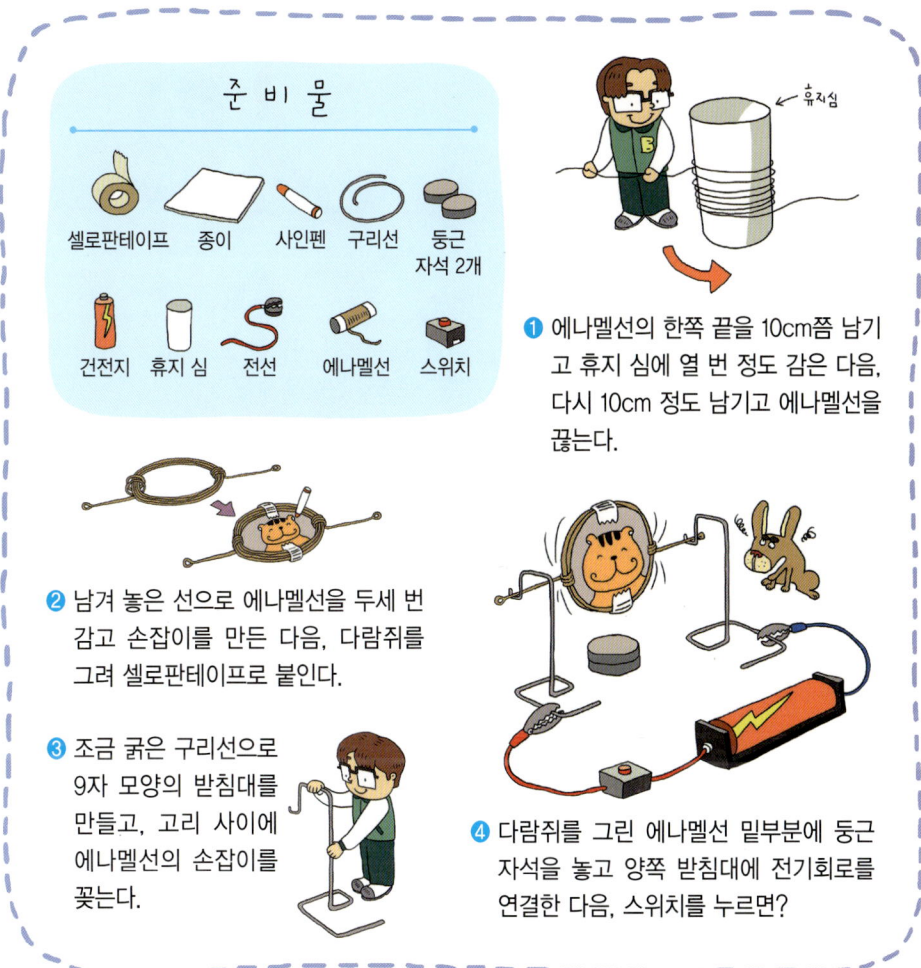

어때? 전류가 흐르면 뱅글~뱅글~ 다람쥐 통이 잘도 돌지? 전류를 끊으면 바로 멈추고……. 전류가 흐르면 감은 에나멜선이 전자석이 되어 밑에 붙은 둥근 자석과 서로 밀어내니까 자꾸 도는 거지.

요리랑 함께 하는 신기한 놀이

① 밀가루 불꽃놀이

밀가루를 이용해서 환상적인 불꽃놀이를 해 볼까? 엄청난 폭발을 일으키는 것은 아니지만 조심하긴 해야 돼. 천천히 조심조심, 잘 따라 해 봐.

준비물: 밀가루, 고운 체, 초, 거즈, 숟가락, 성냥

❶ 밀가루 한 공기를 고운 체에 거르면서 산소와 만나게 해 준다.

❷ 거즈를 두 겹으로 접고 그 속에 밀가루를 넣은 다음, 밀가루가 쏟아지지 않게 거즈를 잘 감싼다.

❸ 촛불을 켜고 밀가루가 든 거즈를 촛불 위 15cm 정도 높이에 든 다음, 숟가락으로 톡톡 쳐서 밀가루가 떨어지게 한다.

어때? 밀가루가 떨어질 때마다 반짝반짝! 예쁜 불꽃이 만들어지지? 가끔 딱딱 소리도 날 거야. 바로 밀가루와 접촉하고 있던 산소가 촛불과 만나는 순간 연소가 일어나기 때문이지. 이 놀이는 연소의 세 가지 조건 중 '산소'를 공급한 경우야. 물론 방을 어둡게 하면 더 멋지겠지? 어때, 신기하지?

② 레몬 불꽃놀이

이왕 촛불을 켠 김에 이번엔 레몬을 이용한 불꽃놀이를 해 볼까? 레몬만 있으면 할 수 있으니까. 자, 같이 해 보자고.

레몬 껍질을 누를 때마다 반짝반짝 불꽃이 생기지? 그건 레몬 껍질에 있는 '레몬유'라는 기름 때문이야. 레몬유는 연한 노란색의 기름인데, 레몬 특유의 향기가 있어서 음식물의 향기를 내는 데 써. 레몬 껍질을 누를 때마다 이 레몬유가 튀어나와 불꽃에 닿으니까 반짝반짝 연소가 일어나는 거지. 이 놀이는 연소의 세 가지 조건 중 '탈 물질'을 공급한 경우야. 재미있지?

❶ 별은 왜 밤에만 빛날까?

별은 왜 밤에만 빛날까? 사실 별은 낮에도 밤에도 항상 하늘에 떠 있어. 단지 낮에는 보이지 않을 뿐이지. 그 이유는 무엇일까?

검은 종이 쪽으로 전등 빛을 비추면 별자리가 보이지만, 트레이싱 페이퍼 쪽으로 전등 빛을 비추면 안 보이지? 여기서 트레이싱 페이퍼는 바로 지구를 둘러싸고 있는 공기인 대기야. 전등은 과정 ②와 ③에서 하는 역할이 달라. ②에서 전등은 별빛이고, ③에서 전등은 태양 빛이지. 그러니까 별이 빛나는 밤에는 별이 보이지만, 태양이 지구를 비추는 낮에는 별자리가 안 보여. 왜냐! 강한 태양 빛이 별빛을 가리기 때문이지.

❷ 별자리 상자 만들기

내가 보고 싶을 때마다 볼 수 있는 별자리가 있다면 얼마나 좋을까? 보고 싶을 때마다 마음껏 볼 수 있는 별자리, 함께 만들어 보자.

준비물: 구두 상자, 검은 종이, 금색이나 흰색 마카, 송곳

❶ 구두 상자 안쪽을 모두 검정 종이로 붙이고, 밑 상자의 한쪽 옆면 가운데 지름 1cm의 구멍을 뚫고, 반대쪽에 사방 3cm를 남기고 네모난 창을 낸다.

❷ 밑 상자의 옆면 크기의 검은 종이에 금색이나 흰색 마카로 별자리를 그리고 송곳으로 크고 작은 구멍을 낸 다음, 상자에 넣는다.

❸ 뚜껑을 닫은 다음, 불빛 쪽으로 향하게 하고 반대쪽에 뚫은 구멍으로 상자 안쪽을 본다.

우아, 이게 뭐야! 별자리다! 구멍을 크게 뚫을수록 더 반짝반짝 밝게 보이지? 실제로 밤하늘에서 별이 크게 보이는 경우는 별이 실제로 큰 경우도 있고, 지구와 가까이 있는 경우도 있지. 어때, 재미있지?

① 식물은 어떤 온도에서 싹이 틀까?

온도는 식물이 자라는 데 아주 큰 영향을 주지. 자, 그럼 식물은 어떤 온도에서 싹이 트는지 알아볼까?

준비물: 종이 타월, 물, 접시 2개, 녹두

❶ 두 개의 접시에 종이 타월을 각각 4겹 정도로 접어서 올려놓은 다음, 물을 부어 적신다.

❷ 각각의 접시 위에 똑같은 개수의 녹두를 놓는다.

❸ 매일 종이가 약간 젖을 정도로만 물을 주면서, 한 접시는 햇빛이 잘 드는 창가에, 또 다른 접시는 냉장고 안에 둔다.

어때? 실온에 놓아둔 접시에서는 싹이 나고 점점 자라는 반면, 냉장고에 넣어둔 접시는 싹이 나지 않았지? 바로 온도가 낮기 때문이지. 씨가 싹트기 가장 좋은 온도는 25~30℃라고 해. 날씨가 따뜻할 때에는 밖에서 키우던 식물도 추운 겨울이 되면 꼭 안으로 들여놓아야 돼.

② 물은 어디로 갈까?

식물은 뿌리를 통해 물을 빨아들이지. 그런데 그 물은 어디로 갈까? 간단한 실험으로 알려 줄 테니까 따라 해 봐.

준비물
- 여러 개의 잎이 달린 나뭇가지
- 식용유
- 유성 펜
- 투명 컵과 물

❶ 컵에 물을 2/3쯤 담고 잎이 달린 나뭇가지를 꽂은 다음, 유성 펜으로 물의 위치를 표시한다.

❷ 물 위에 식용유를 약 0.5cm 두께로 조심스럽게 붓는다.

❸ 햇빛이 잘 드는 창가에 두고 8시간 간격으로 물의 높이가 어떻게 달라지는지 관찰한다.

어때? 물이 점점 줄어들지? 공기 중으로 날아간 게 아니냐고? 물 위에 부은 식용유가 기름 막을 형성하기 때문에 물은 공기 중으로 빠져나가지 못해. 그러니까 물이 줄어든 이유는 딱 한 가지! 줄기를 타고 잎으로 빠져나갔기 때문이야. 이러한 현상을 '증산 작용'이라고 하지.

ㄱ
개화 시기 132
구심력 33
국화 132

ㄴ
나침반 91
네오디뮴 151
네오디뮴 자석 151

ㅁ
무게 중심 23, 38, 39
무궁화꽃 132

ㅂ
발화점 68
별 94
별의 일주 운동 102
별자리 100, 102
북극성 92, 94
북두칠성 94
북방 한계선 120

분진 폭발 66
빵 47

ㅅ
소화 69
식물 분포 131
썰매 79

ㅇ
IP(아이피) 주소 120
연소 67
연철 161
왕벚꽃 132
원심력 33

ㅈ
자극 160
자석 150, 160
자성 160
전자석 150, 161
전자총 150
진달래꽃 132

ㅊ
침팬지 16

ㅋ
카시오페이아자리 92

ㅌ
텔레비전 150

ㅍ
폭죽 48
피사의 사탑 40

ㅎ
한계령풀 118
한라산 131
한란 117
행성 100
화상 61
흑색 화약 48